부동산의 가치를
높이는 방법

감정평가사와 함께 살펴보는

부동산의 가치를 높이는 방법

정석 지음

매일경제신문사

부동산이 아니다,
사업이다

　일반적으로 부동산 투자라고 하면 부동산 경기 변동의 흐름을 타는 투자 또는 변화가 예상되는 지역을 선점하는 투자를 생각하기 쉽습니다. 아파트 투자 같은 경우, 가격이 싼 시기에 매입을 해두고 가격이 올라가면 매도를 해서 수익을 냅니다. 토지 투자 같은 경우, 향후 교통 발전이나 인구 유입이 기대되는 지역에 갑니다. 그리고 집을 지을 만한 토지를 매입하고 몇 년을 기다렸다가 다시 팔아 수익을 냅니다. 부동산 투자라고 하면 대개는 이와 같은 것을 생각하기 쉽습니다. 투자자 자신이 노력해서 가치를 창출하는 것보다는, 물건을 선점해서 시간에 맡겨두는, 비교적 수동적인 투자 방법인 것입니다. 그러나 이 책에서 주로 말씀드리고자 하는 것은 보다 적극적인 노력으로 가치를 창출하는 방법입니다. 적극적인 노력으로 부동산의 가치를 창출하면, 경기 변동에 상관없이 돈을 벌 수 있습니다. 또한 평균적으로 볼 때 수동적인 투자 방법보다 수익률이 높습니다.

사람들이 가장 많이 투자하는 부동산 상품인 아파트의 경우, 투자자로서 가치를 높일 수 있는 방법은 인테리어밖에 없습니다. 그렇게 해도 대개 인테리어 비용보다 약간만 올라갈 뿐입니다(물론, 가성비 높은 인테리어는 알아둘 필요가 있습니다). 게다가 인테리어는 몇 년 못 가서 그 가치가 상당 부분 사라지고 맙니다. 따라서 이미 완성도가 높은 부동산인 아파트나 오피스텔 등의 경우, 부동산 경기가 좋지 않으면 돈을 못 벌거나 손해를 볼 때도 있습니다.

반면, 아직 완성되지 않은 부동산을 바꾸는 일은 가치를 창출하는 일입니다. 토지를 개발하는 일, 상가 리모델링, 낡은 단독주택을 매입해서 개조하거나 철거하고 신축하는 일, 사람들의 의견을 수렴해서 지역을 바꾸는 일 등은 적극적으로 가치를 창출하는 방법입니다. 자, 이제 어떤 식으로 가치를 창출할 수 있는지 한 사례를 살펴보겠습니다.

서울특별시 종로구 창신동의 '도넛정수' 카페 사례

이곳은 사실 전혀 카페가 들어설 만한 곳이 아니었습니다. 다음 사진에서처럼 차량 통행이 불가능한 언덕의 좁은 골목길을 지나가야 하기

도넛정수 카페로 가는 길과 내부 사진

출처: 저자 제공

때문입니다. 지하철역에서 가깝지도 않습니다. 지하철 동대문역이나 동묘역에서 종로03번 버스를 타고 종점인 낙산공원 정류장에서 한 정거장 전인 '낙산삼거리'에서 내리는 것이 가장 편합니다. 마을버스를 타지 않으면 땀을 뻘뻘 흘리며 한참 산을 올라가야 합니다.

그래도 서울의 핫 플레이스 중 하나인 낙산공원에서 가까운 편이고, 언덕에 위치해서 조망이 좋으므로, 잘 개발하면 젊은 사람들이 많이 올 수 있는 공간을 만들 수 있는 잠재력은 가지고 있었습니다. 바로 이 창신동 '도넛정수' 카페가 그 점을 증명해냈다고 할 수 있습니다. 이곳은 남산타워, 서울성곽 등이 내려다보이는 조망입니다. 서울 도심 동측 주요 지역이 한눈에 내려다보입니다. 일몰 무렵에는 노을도 예쁘게 보입니다. 단독주택 2층의 두 면은 위 사진처럼 통유리로 교체했고, 두 면은 벽돌조 그대로 두었습니다. 주요 고객층은 20대로, 이들은 열심히 인스타그램에 올릴 사진을 찍고 있었습니다.

창신동 '도넛정수' 건물의 실거래가

출처: 디스코(disco.re)

이 카페 개발자는 얼마에 이 주택을 매입했을까요? 부동산 서비스 사이트 디스코(disco.re)로 확인해보니, 2020년 10월 토지 3.3㎡당 약 1,600만 원, 총 4억 8,000만 원에 매매되었습니다. 카페로 리모델링 후에는 수익을 얼마나 올리고 있을까요? 정확하지는 않지만 대략 추정해보았을 때, 도넛이 개당 3,000~4,000원, 음료수가 6,000원 내외이니, 2명이 오면 평균 2만 원은 소비할 것으로 추정됩니다. 테이블이 15개 정도였으니, 테이블 1회전이 되면 매출은 적게 잡아도 30만 원은 될 것으로 예상됩니다.

평일 낮에 갔는데도 빈자리가 별로 없고 사람이 꽤 차 있었으므로, 하루 평균 테이블이 5회전만 된다고 해도 하루 매출은 150만 원이고, 월 매출은 적게 보아도 4,500만 원 정도가 될 것이라는 계산이 나옵니다.

그렇다면 재료비와 인건비를 제외하면 사업주에게 배분되는 순이익은 월 1,000만 원 정도는 되지 않을까 예상됩니다. 서울에서 월세 1,000만 원이 나오는 상가를 사려면 30억 원은 들 텐데, 가치가 몇 배나 올라간 셈입니다.

이 부동산은 주거용으로서의 가치는 낮았지만, 상업용으로서의 높은 잠재적 가치가 있었고, 이를 알아본 건물의 매수자가 진정한 승자구나 하는 생각이 들었습니다(물론 사람들이 계속 오게 하려면 음식의 맛은 기본이겠지만요). 정말 '대박이 났다'라는 표현밖에는 달리 쓸 단어가 없어 보였습니다. 부동산의 잠재적 가치를 먼저 알아보고 불모지와도 같은 곳에 깃발을 꽂은 개발자가 대단하게 느껴졌습니다.

우리도 이렇게 부동산의 가치를 높이는 일을 할 수 있을까요? 그들도 사람이고, 우리도 사람인데, 못할 게 뭐가 있겠습니까. 그러나 그런 일을 하려면 부동산에 관한 기본적인 법률적 지식, 그리고 부동산 공간 사용자(고객)의 필요를 읽을 수 있는 눈, 즉 사업적인 마인드가 필요할 것입니다.

창신동의 허름한 단독주택은 자동차 통행이 불가능한 골목길에 있는 접근이 힘든 부지였습니다. 하지만 그들은 법적으로 창신동 단독주택을 근린생활시설(상가)로 용도변경하는 것이 가능하다는 것을 알고 있었을 것입니다. 또한 최근 젊은이들의 트렌드를 읽고 인스타그램에 올릴 만한, 사진이 잘 나오는 상업공간을 만들어냄으로써 부동산의 가치를 높였습니다.

따라서 그들처럼 하려면 우리도 기본적인 부동산 지식을 습득하고, 부동산 개발 사업자라고 생각하면서 시장 트렌드를 계속 관찰해야 합니다. 또한 부동산 법률은 계속 시대의 흐름에 따라 개정되기 때문에 법적으로 무엇이 허용되는지, 늘 살펴야 합니다. 버려져 있는 부동산을 어떻게 매력적으로 만들 것인지 늘 생각해야 합니다.

그래서 이 책에서는 우선 기본 지식으로 부동산의 가치를 판단하는 방법을 다룰 것입니다. 그리고 다양한 사례들을 통해서 가치를 높이는 방법들을 생각해볼 것입니다. 부동산의 숨어 있는 가치를 발견하고자 하는 탐험가이자 사업가의 마음가짐으로 살펴보시기를 권합니다.

정 석

1장

부동산 가치를
높이기 위한 기본지식

부동산 가치를 어떻게 높일 것인가
- 최유효이용을 알아내라!

최유효이용의 정의

부동산 가치를 높이려면 대상 부동산의 진정한 가치를 먼저 알아야 하고, 그 가치를 알기 위해서는 최유효이용이 무엇인지 알고 있어야 합니다. 감정평가 실무 기준에 보면 최유효이용은 다음과 같이 정의됩니다.

객관적으로 보아 양식과 통상의 이용능력을 가진 사람이 부동산을 합법적이고 합리적이며 최고최선의 방법으로 이용하는 것

말이 상당히 어려운데, 특히 '양식'이란 말이 어려울 수 있습니다. '양식'이란 양호한 판단력을 말합니다. '양식과 통상의 이용능력을 가진 사람'은 그냥 보통 사람이라고 보면 됩니다. 따라서 최유효이용이란 간단히 말해서 법적 한계 내에서 최고의 효용을 창출하는 부동산의 이용방

법을 말하는 것입니다.

최유효이용을 알아내는 방법

돈을 싫어하는 사람은 없습니다. 누구나 최고의 효용을 창출하고 싶습니다. 따라서 여기에서 1차적으로 중요한 것은 '법적 한계'입니다. 기본적으로는 어디까지가 합법적인 이용방법인지를 잘 알아야 최고의 효용을 창출할 수 있는 방법을 찾을 가능성이 커질 것입니다.

'법적 한계'가 싫어도 어쩔 수 없습니다. 내 땅이나 내 상가를 내 마음대로 사용하지 못하게 법으로 정하는 이유는 내 부동산도 국토의 일부, 대한민국의 일부이기 때문에 난개발을 막고, 질서 있는 부동산 이용을 하도록 정해놓은 것입니다.

한편, 법적으로는 특정한 용도로 사용하는 것이 허용되는데, 물리적으로 불가능한 경우가 있습니다. 단단한 암반으로 이루어진 땅이나 절벽 같은 곳에 아무리 법적으로 모든 것을 허용해줘도 소용이 없습니다. 어떤 땅은 도로에 접해 있어서 법적으로는 건축이 가능할지 몰라도 매우 좁고 긴 모양이라서 실질적으로는 건축이 불가능할 수 있습니다. 그러나 그런 경우는 많지 않기에, 대개 부동산 관련 법 지식을 많이 알면 알수록 부동산 고수가 될 수 있습니다.

1차적으로 '법적 한계'를 확인한 이후, 2차적으로는 '이 토지에 무엇을, 어느 정도의 규모로 건축해야 최고의 효용을 창출할 수 있을까? 이

상가를 이러저러하게 용도변경하면 더 많은 수익을 낼 수 있을까?'와 같이, 무엇으로 이용해야 최고의 수익을 창출할 수 있을지 생각해야 합니다. 사업적인 마인드가 들어가는 것입니다. 그 생각까지 하고 나면, 부동산의 최유효이용 상태에서의 가치, 즉 진정한 가치를 판단할 수 있습니다.

법 규정을 찾아보면 특정 지역에서 이러저러한 시설은 설치가 가능한 반면 어떤 시설은 설치가 불가능한지 알 수 있습니다. 그리고 어느 정도 규모까지 설치할 수 있는지도 알 수 있습니다. 그러니까 무엇이 최유효이용인지에 관한 힌트는 이미 법에 다 나와 있다고 할 수 있습니다.

'법'은 어디 나와 있는가?

우리가 친숙해져야 할 웹사이트가 있습니다. 국가법령정보센터(www.law.go.kr)입니다. 다음 페이지 그림을 보면, 사이트 가장 왼편에 '법령'이라는 메뉴가 있습니다. 국회에서는 법률을 만들고, 법률로 모든 사항들을 규율할 수 없다 보니 특정 사항들은 대통령령으로 정하도록 위임합니다. 대통령령은 '[법률 명칭] 시행령'이라고 불립니다(예: 국토의 계획 및 이용에 관한 법률 시행령). 대통령령 역시 모든 사항을 정하는 데 한계가 있으므로 일부 세부사항들은 부령(예: 국토교통부령)으로 정하도록 위임합니다. 부령은 보통 '[법률 명칭] 시행규칙' 또는 '~에 관한 규칙'이라고 불립니다. 국회에서 만든 법률과 행정부의 명령을 통틀어서 '법령'이라고 칭합니다.

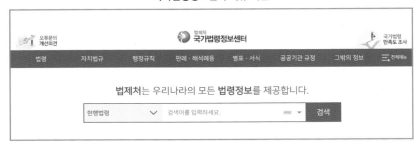

국가법령정보센터 메뉴 화면

출처: 국가법령정보센터 홈페이지(www.law.go.kr)

다음으로 왼편에서 두 번째를 보면 '자치법규'라는 메뉴가 있습니다. 법령을 적용하는 데 지역별로 다르게 적용하는 것이 합리적인 경우도 있습니다. 그런 사항들은 법령에서 각 지역의 조례로 정하도록 위임합니다. 예를 들어, 개발을 억제해야 하는 도시와 개발을 장려해야 하는 도시에서는 개발 허가 기준이 각기 다를 수 있습니다. 그런 사항들은 지방자치단체의 조례로 정하게 되는데, 조례는 각 지방의회에서 제정하고 있습니다. '자치법규'라는 메뉴에서 조례를 검색할 수 있습니다.

세 번째로 '행정규칙'이라는 메뉴가 있습니다. 법령에서 다 정할 수 없는 것을 행정규칙으로 정하도록 위임하는 경우가 있습니다. 또는 위임받지 않았더라도 자체적으로 행정업무 처리 지침을 만드는 경우가 있습니다. 공무원들은 행정적인 결정을 하는 데 있어서, 예를 들면 개발행위 허가를 내주는 데 있어서, 자의적인 판단을 내리기 싫어합니다. 책임질 일을 만들고 싶지 않은 것입니다. 누구라도 마찬가지일 겁니다. 따라서 공무원들은 지침이 있다면 꼭 지침에 의해서 판단을 내리므로, 실질적으로는 우리가 살펴보아야 할 것들 중 하나입니다.

네 번째 메뉴는 '판례·해석례등'입니다. 법령 해석과 관련된 법원의 판례를 찾아볼 수 있습니다. 또한 법원의 결정은 아니지만 상급 행정기관에서 내린 판결이라고 할 수 있는 행정심판례를 찾아볼 수 있습니다.

최유효이용이 무엇인지 찾아내기 위해서는 토지 개발과 건축 등을 규율하는 법령들을 알고 있어야 할 것입니다. 사실 부동산 가치를 좌우하는 법령들은 수백 가지가 되어 모든 법령을 알 수는 없습니다. 우리는 우리가 맞닥뜨린 물건을 규율하는 법에 대해서 그때그때 잘 찾아볼 줄만 알면 됩니다. 그러면 우리가 마주한 부동산에 적용되는 법령들은 어떻게 알 수 있을까요? 이제부터 살펴보겠습니다.

부동산 가치를 좌우하는
주요 법령들을 확인하자

토지이용계획을 확인하자

모든 부동산의 근간을 이루는 것은 토지입니다. 아파트나 다세대주택이나 구분상가도 토지 위에 건축을 한 것입니다. 따라서 대상 부동산의 토지에 어떤 규제가 적용되는지 확인하는 것이 필요합니다. 토지에 어떤 규제가 적용되는지 알려주는 서류는 토지이용계획확인서입니다. 토지이용계획확인서는 정부24(www.gov.kr)에서 유료로 발급받을 수 있습니다. 하지만 무료로 열람할 수 있는 사이트가 있는데, 토지이음(www.eum.go.kr)입니다. 일례로 서울특별시 강서구 등촌동 518-30번지를 검색하면 다음과 같이 규제 사항을 확인할 수 있습니다.

서울특별시 강서구 등촌동 518-30번지의 토지이용계획확인서

소재지	서울특별시 강서구 등촌동 518-30번지		
지목	대 ❓	면적	166.2 ㎡
개별공시지가(㎡당)	3,718,000원 (2022/01) 연도별보기		
지역지구등 지정여부	「국토의 계획 및 이용에 관한 법률」에 따른 지역·지구등	도시지역 , 제1종일반주거지역 , 중요시설물보호지구(공항)	
	다른 법령 등에 따른 지역·지구등	가축사육제한구역(지역경제과 확인 요망)<가축분뇨의 관리 및 이용에 관한 법률>, 원추표면구역(원추표면)<공항시설법>, 상대보호구역(강서교육지원청에 반드시 확인 요망)<교육환경 보호에 관한 법률>, 대공방어협조구역(위탁고도:77-257m)<군사기지 및 군사시설 보호법>, 과밀억제권역<수도권정비계획법>	
	「토지이용규제 기본법 시행령」 제9조 제4항 각 호에 해당되는 사항		
확인도면			

출처: 토지이음

매우 다양한 규제 사항들이 나와 있습니다. 어떤 토지들은 기재 사항들이 적은 반면, 이렇게 다양한 규제가 적용되고 있는 토지들도 있습니다. 그러면 이중에서 무엇을 가장 중요하게 보아야 할까요?

용도지역을 확인하자

모든 규제 사항들이 중요하지만, 특히 핵심적으로 보아야 할 것은 용도지역이 무엇인가 하는 것입니다. 용도지역이란 '국토의 계획 및 이용에 관한 법률'로 정한 토지의 분류 방법의 하나입니다. 해당 토지가 무슨 용도로 사용될지에 관해 행정청에서 도시계획으로 결정하는 지역입니다. 용도지역은 크게 도시지역과 그 외의 지역으로 나눌 수 있고, 도시지역은 상업지역, 주거지역, 공업지역, 녹지지역으로 나뉩니다. 도시지역 외의 지역은 관리지역, 농림지역, 자연환경보전지역으로 나뉩니다. 각 용도지역에 대한 장황한 설명은 생략하겠습니다. 명칭에서 대략적으로 짐작을 할 수 있고, 차차 법령을 찾아보면서 익혀야 할 사항이기 때문입니다. 일례로 앞서 나온 서울특별시 강서구 등촌동 518-30번지는 '제1종일반주거지역'이라는 것을 알 수 있습니다. 다음의 지도를 보겠습니다.

용도지역을 나타내는 지도

출처: 네이버 지적편집도

이 지도는 네이버 지도에서 '지적편집도'로 본 화면인데, 서울의 주요부와 수도권 일부를 캡처한 것입니다. 서울 전부는 도시지역에 해당합니다. 옅은 분홍색으로 표시된 서울 도심 주요부, 여의도, 강남 테헤란로 등이 보이시나요? 그곳이 상업지역입니다. 옅은 녹색으로 표시된 서울 대부분의 지역은 주거지역입니다. 옅은 남색으로 표시된 서울 영등포와 구로, 가산 디지털단지, 성수동 등은 공업지역입니다. 그 외 짙은 녹색으로 표시된 부분은 녹지지역입니다.

한편 지도 오른쪽 하단부에 작게 황토색과 옅은 푸른색으로 칠해진 부분도 보이는데, 경기도 광주시 일부입니다. 황토색은 (계획)관리지역을 가리키며 옅은 푸른색 부분은 농림지역을 가리킵니다. 이 지도에서 자연환경보전지역은 보이지 않습니다.

도시지역과 관리지역은 보다 상세한 분류로 나뉩니다. 상업지역은 중심·유통·근린·일반상업지역, 주거지역은 제1종전용·제2종전용·제1종일반·제2종일반·제3종일반·준주거지역으로 나뉘고, 공업지역은 전용·일반·준공업지역으로, 녹지지역은 보전·생산·자연녹지지역으로, 관리지역은 계획·생산·보전관리지역으로 나뉩니다. 각 용도지역마다, 건물을 짓는다면 어느 정도의 규모까지 지을 수 있을까요? 다시 말해, 건폐율과 용적률의 범위는 얼마나 될까요?(쉽게 말해서, 건폐율은 대지 면적에 대한 건축물이 들어선 면적의 비율을 말합니다. 또한 용적률은 대지 면적에 대한 건축물의 총 면적의 비율을 말합니다) 그리고 어떤 용도의 건축물을 지을 수 있을까요? 그에 관해서는 '국토의 계획 및 이용에 관한 법률' 제77조, 제78조 및 동법 시행령 별표 2~22에서 규정하고 있습니다. 처음 보시는 분이라면 앞서 언급한 국가법령정보센터(www.law.go.kr) 사이트에서 한번 찾아서 훑어보시기 바랍니다. 암기할 필요는 없지만, 어디서 찾을 수 있는지 아는 것이 중요합니다. 한번 쭉 훑어본 후, 대상 토지가 어떤 용도지역에 속하는지만 알아도, 공법상 규제의 강도가 어느 정도인지 대강 감을 잡을 수 있습니다. 이렇듯 토지의 가치를 파악하기 위해서는 우선 용도지역이 무엇인지부터 확인하는 것이 중요합니다.

법령만 본다고 끝나는 것은 아닙니다. '국토의 계획 및 이용에 관한 법률'과 동법 시행령은 건폐율과 용적률에 관해서는 '범위'만을 규정하고 있습니다. 그리고 구체적인 제한은 각 지방자치단체의 조례에 위임하고 있습니다. 또한 어떤 용도지역에서 어떤 건축물을 지을 수 있는지에 대해서도 상당 부분 조례에 위임하고 있습니다. 따라서 해당 토지의 용도지역에 따른 최대 건폐율과 용적률 그리고 건축 가능한 시설의 종류를 알기 위해서는 도시계획조례를 찾아보아야 합니다. 예를 들어 서울특별시의 경우 국가법령정보센터의 '자치법규'에서 '서울특별시 도시계획조례'를 검색해서 들어가 볼 수 있습니다. '○○지역 안에서 건축할 수 있는 건축물', '용도지역 안에서의 건폐율' 등의 제목 아래 규정들을 볼 수 있습니다.

서울특별시 도시계획조례 중 용도지역 관련 규제 내용

서울특별시 도시계획 조례

[시행 2022. 3. 10.] [서울특별시조례 제8380호, 2022. 3. 10., 일부개정]

제27조(제1종일반주거지역안에서 건축할 수 있는 건축물) 제1종일반주거지역안에서는 영 별표 4 제1호의 각 목의 건축물과 영 별표 4 제2호에 따라 다음 각 호의 건축물을 건축할 수 있다. 〈개정 2006. 11. 20., 2008. 7. 30., 2010. 1. 7., 2011. 7. 28., 2012. 7. 30., 2017. 3. 23., 2018. 10. 4., 2021.5.20〉

서울특별시 도시계획 조례

[시행 2022. 3. 10.] [서울특별시조례 제8380호, 2022. 3. 10., 일부개정]

제54조(용도지역안에서의 건폐율) ① 법 제77조 및 영 제84조제1항에 따라 용도지역별 건폐율은 다음 각 호의 비율 이하로 한다. 〈개정 2008. 7. 30.〉

출처: 국가법령정보센터

한편 용도지역에 해당하지는 않으나 규제가 매우 강력해서 추가적으로 우선 확인할 사항이 있는데, 바로 '개발제한구역'인지의 여부입니다.

보통 개발제한구역은 자연녹지지역 또는 보전녹지지역 중에서 지정됩니다. 개발제한구역에 관한 규제 사항은 '개발제한구역의 지정 및 관리에 관한 특별조치법'에서 상세히 규정하고 있습니다.

그 밖에 토지이용계획확인서에 나오는 주요 규제 사항

지구단위계획구역, 용도지구

우선 '지구단위계획구역'이라고 기재되어 있는 경우를 자주 볼 수 있습니다. 이것은 행정청에서 일정한 구역을 묶어서 특별히 관리하겠다고 지정해놓은 구역입니다. 예를 들어 다음 지도를 보겠습니다.

지구단위계획구역

출처: 네이버 지적편집도

강동구청 주변으로 붉은 점선으로 묶어놓은 구역들을 볼 수 있습니다. 해당 지역의 토지이용계획확인서를 보면 지구단위계획구역이라고 기재되어 있는 것을 알 수 있을 것입니다. 말하자면 이곳은 도시 미관, 도시의 발전 등을 위해서, 지구단위로 묶어 특별히 관리하는 구역입니다. 그래서 각 필지마다 어떤 용도로, 어떤 규모로, 어떤 건축양식으로 건축이 허용되는지 등의 비교적 자세한 규제 사항이 적용됩니다. 그래서 단지 용도지역에 따른 규제만 생각하다가는 큰일 날 수 있습니다. 바로 옆 땅이라고 해도 규제 사항이 크게 달라질 수 있고, 이에 따라 토지 가치가 크게 차이날 수도 있으니 조심해야 합니다.

　그 규제 사항은 각 지방자치단체의 홈페이지에서 찾아볼 수 있습니다. 예를 들어, 앞서 지도의 강동구청 주변 지구단위계획의 내용은 강동구청 홈페이지에서 찾아볼 수 있습니다. 다음 그림과 같이, 보통 지방자치단체 홈페이지에서 검색창에 '지구단위계획'이라고 검색하면 관련된 문서를 찾아볼 수 있으며, 관련된 부서의 전화번호도 나와 있어서 의문 사항이 있을 때 문의할 수 있게 되어 있습니다.

지구단위계획 검색화면

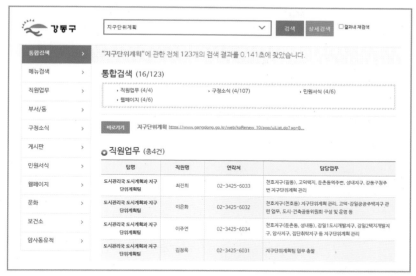

출처: 서울특별시 강동구청 홈페이지

비슷한 개념으로 '용도지구'로 지정된 곳도 있는데, 도시 미관이나 안전 등을 위해 경관·미관·고도·방화지구 등의 용도지구를 지정합니다. 앞서 나왔던 서울특별시 강서구 등촌동 518-30번지의 토지이용계획도를 보면 공항시설보호지구, 최고고도지구로 지정되어 있는 것을 볼 수 있습니다. 이러한 용도지구에서도 건축물의 규모, 디자인이 도시계획조례로 규제될 수 있으니 해당 조례를 찾아서 확인해보는 것이 필요합니다.

농업진흥지역, 농업보호구역

다음으로 농지 중 상당수의 경우, '농업진흥지역' 또는 '농업보호구역'이라고 기재된 경우를 볼 수 있습니다. 농지를 개발해서 수익을 내려고 생각하는 경우, 농지법 공부는 필수라고 할 수 있습니다. 식량자원을

대개 농업진흥지역에 속하는 경지정리된 농지

출처: Pexels.com

생산하는 농지의 난개발을 막기 위해 농지에 관한 규제는 상당히 까다롭게 되어 있습니다. 농지의 경우 아무나 취득할 수 없고 농지취득자격증명원을 제출하는 것이 원칙이며, 농지 소유에도 일정한 제한을 두고 있습니다. 또한 농지를 개발하는 경우 농지법에 의해서 '농지전용부담금'이라는 것도 부담해야 합니다.

특히 '농업진흥지역'으로 되어 있는 경우 농지법상 농지로서의 규제가 가장 강합니다. 농사 또는 농업용 시설 설치, 농·어업인주택 등 외에 다른 용도로의 사용을 금하고 있습니다(물론 허용되는 것들 중 최유효이용을 찾아낸다면 기회의 땅이 될 수 있습니다). 이에 비해 '농업보호구역'은 다소 규제가 덜합니다. 자세한 규제 사항은 '농지법' 제32조에서 찾아볼 수 있습니다. 흔히 농림지역이나 생산녹지지역, 생산관리지역에서 농업진흥구역 또는 농업보호구역이 지정되어 있는 것을 볼 수 있습니다. 그런 지역은 대개 경지정리된 순수농경지대에 지정됩니다.

보전산지, 준보전산지

산지의 경우, '산지관리법'에 의한 '보전산지' 또는 '준보전산지'라는 기재 사항을 볼 수 있습니다. 명칭에서 짐작할 수 있듯이, 보전산지는 극히 예외적인 경우를 제외하고는 원칙적으로 개발할 수 없으므로 가치가 떨어집니다(반대로 말하면 기회의 땅이 될 수도 있습니다).

접도구역

접도구역은 안전상의 문제 등으로 지정하게 됩니다. '도로법'에 의한 고속국도, 일반국도, 4차선 이상 지방도 및 군도의 양측 일정 범위가 해당됩니다. 접도구역에서는 원칙적으로 토지의 형질변경행위를 금지하고 있습니다. 다만, 접도구역에 저촉되면 해당 부분에만 건축행위를 할 수 없을 뿐입니다. 건폐율이나 용적률에서 손해를 보는 것은 아닙니다. 예를 들어, 어떤 토지가 자연녹지지역으로서 해당 지방자치단체의 조례에 따라 건폐율 20%, 용적률 80%가 적용되는 토지이고, 전체 500㎡ 토지 중 100㎡가 접도구역에 저촉된다고 한다면, 해당 부분에만 건축행위를 할 수 없는 것이지, 건폐율이 20%이므로 건축면적을 100㎡까지 할 수 있고, 연면적은 400㎡까지 건축 가능한 것입니다.

군사시설보호구역

'군사기지 및 군사시설 보호법'에 의한 구역입니다. 여기에는 통제보호구역, 제한보호구역, 비행안전구역, 대공방어협조구역이 있습니다. 통제보호구역 안에서는 원칙적으로 건축물의 신축이 금지됩니다. 다른 구역에서도 군사활동에 방해가 되는 행위가 원칙적으로 금지됩니다.

교육환경보호구역(절대보호구역, 상대보호구역)

'교육환경 보호에 관한 법률'에 의한 구역입니다. 학생의 보건·위생,

안전, 학습과 교육환경 보호를 위해서 특정 시설의 설치를 금하고 있습니다. 관할 교육청의 담당자에게 문의해서 특정한 시설의 설치가 가능한지 확인해보아야 합니다. 특히 상가의 경우 유의해야 할 구역 중 하나입니다.

문화재보호구역

'문화재보호법'에 의한 구역으로, 건축물 등의 신축 등을 원칙적으로 금지하고 있습니다.

완충녹지, 경관녹지, 연결녹지

'도시공원 및 녹지 등에 관한 법률'에 따른 녹지입니다. 원칙적으로 녹지를 조성하는 행위 이외에는 할 수 없습니다. 일정 행위는 관청으로부터 점용허가를 받아서 할 수 있습니다.

건축법이 요구하는 도로 확보 여부를 확인하자

'건축법' 제44조에서는 건축물의 대지는 원칙적으로 2m 이상이 도로에 접해야 한다고 규정하고 있습니다. 여기서 도로란 원칙적으로 보행과 자동차 통행이 가능한 너비 4m 이상의 도로를 말합니다. 지적도 면상으로 보아도, 현황으로 보아도 도로에 접해 있다면 대개의 경우 건축할 수 있을 것입니다.

그런데 해당 토지가 지적도상으로는 도로에 접해 있지 않은데 현황은 도로에 접해 있다면 어떨까요? 해당 토지 옆에 있는 토지도 지적도 상으로 도로가 접해 있지 않지만 현황도로가 있고 건물이 존재한다면, 해당 토지도 건축이 가능한 것으로 보아도 될까요? 아니면 그 반대로 지적도상으로는 도로에 접해 있는데 현황은 도로에 접해 있지 않다면 어떨까요? 도로확보가 가능한 것일까요? 이러한 사항은 각 지방자치단 체의 건축과 담당 공무원에게 문의해야 합니다. 지방자치단체마다 조 례가 다를 수 있고, 과거에는 건축허가가 가능하던 것이 법령의 개정으 로 현재는 불가능할 수도 있기 때문입니다.

또한 해당 토지가 접한 도로가 관청에서 개설한 공도가 아니라 개인 이 개설한 사도인 경우, 도로 소유자에게 토지사용승낙서를 받거나 도 로의 일부 지분을 매입해야 할지 모릅니다. 도로 소유자가 많은 비용 을 요구할지도 모를 일이니, 사전에 잘 알아보아야 합니다. 그리고 '도 로법'상 도로(차가 씽씽 달리도록 만든 도로)에는 접하더라도, 건축이 허가되지 않을 수 있습니다. 도로와의 연결허가(도로점용허가)를 받을 수 있는지 알 아보아야 합니다.

이렇게 부동산에 적용되는 주요 규제 법령들을 살펴보았습니다. 물 론 이것이 전부는 아니고, 자주 보게 되는 주요 규제들을 언급했을 뿐입 니다. 굉장히 다양한 케이스가 있을 수 있으므로 사안별로 검토가 필요 합니다. 그러므로 토지이용계획확인서에 나오는 제한사항들을 하나하 나 다 찾아보고, 행정청에 문의하는 일은 필수입니다. 이제부터는 부동 산 가치 판단 시 법령 이외에 또 무엇을 중요하게 보아야 하는지 살펴 보겠습니다.

미개발 토지 현장조사 시
보아야 할 것들

이미 개발된 부동산·주택, 빌딩, 공장, 상가 등의 경우 건물에 누수 등 하자는 없는지, 불법적인 사항들은 없는지를 우선적으로 확인해야 합니다. 하지만 미개발된 토지의 경우 확인해야 할 사항들이 더 많습니다. 대상 토지의 입지는 기본이고, 얼마나 개발하기 좋으냐에 중점을 두고 보아야 할 것입니다.

상수도를 확보할 수 있는가?

토지를 개발하고 건축하면 단순한 창고 이외에는 물이 꼭 필요합니다. 그러므로 상수도와 하수도를 확보할 수 있는지 살펴보아야 합니다. 대상 토지가 도로에 접해 있고 도로 밑에 상수도관이 매설되어 있다면, 그 상수도관에 연결해서 물을 끌어올 수 있습니다. 그런데 상수도관이 없다면 지하수 개발을 해야 할 수도 있습니다. '지하수법'에 의해서, 지하수 개발을 하고자 한다면 미리 허가를 받아야 합니다. 다만 소규모 개발의 경우는 신고만으로 개발할 수 있습니다. 물을 끌어올리는 관의 안쪽 지름이 40mm 이하로 1일 양수 능력이 100톤 이하(조례로 조정 가능)인 경우 등이 해당됩니다. 일반적인 단독주택의 경우 지하수 개발은 약 천만 원 정도로 해결 가능합니다.

도시에서는 대개 도로를 따라서 상수관로가 매설되어 있습니다. 따라서 도로에 접해 있는지만 잘 확인하면 개발에 별 문제가 없습니다. 그러나 시골에서는 도로에 접했더라도 상수관로가 없는 경우가 있으니 반드시 관청의 해당 부서에 확인이 필요합니다. 경우에 따라서는 물리적으로 지하수 개발이 불가능할 수도 있습니다. 그리고 제주도처럼 정책적으로 지하수 개발을 억제하는 경우도 있습니다. 참고로 국가지하수정보센터(www.gims.go.kr)에는 지하수 개발 절차가 안내되어 있습니다. 또한 이 사이트의 '지하수정보지도'에서 해당 지역의 지하수 개발 가능량도 알아볼 수 있습니다.

지하수가 풍부한지 확인하는 데 도움을 주는 국가지하수정보센터

출처: 국가지하수정보센터 홈페이지

배수로를 확보할 수 있는가?

하수관에는 '합류식 하수관거'와 '분류식 하수관거'가 있습니다. 합류식 하수관거는 오수와 빗물을 동일한 관거로 수송하는 방식입니다. 그리고 분류식 하수관거는 오수와 빗물을 별개의 관거로 수송하는 방식입니다.

하수도의 이해

출처: 환경부 리플릿, <아하! 그렇군요: 깨끗한 물 환경 지킴이, 하수도>

만약 건축하고자 하는 대지 주변에 합류식 하수관거가 있는데, 건물에서 나오는 오수를 정화도 안 하고 그냥 내보낸다면 냄새가 심할 것입니다. 당연히 이때는 건물에 정화조('하수도법'에 의한 개인오수처리시설)를 설치해야 합니다. 그리고 정기적으로 청소가 필요합니다. 반면 대상 토지주변에 분류식 하수관거가 있다면 오수가 직접 하수종말처리장으로 연결되기 때문에 정화조 설치가 필요하지 않습니다. 분류식 하수관거는 설치비가 많이 들겠지만 훨씬 더 편리하겠죠? 그래서 신도시를 중심으로 분류식 하수도가 확대 도입되는 추세입니다.

도시에서는 대개 도로를 따라 배수로가 매설되어 있지만, 시골에는 배수로 없는 땅이 많습니다. 이런 곳에서는 (정화된) 오수와 빗물이 같이 흘러가는 구거나 하천이 공동 배수로 역할을 합니다(단, '하수도법' 제28조에 의해서, 공공하수도 유입제외 허가 신청서를 제출해야 합니다).

이때 대상 토지가 구거 등 공공수역에도 접해 있지 않다면 어떻게 해야 할까요? 구거에 연결되는 땅을 사서 그 땅에 배수관을 묻어야 할 것입니다. 그런데 배수로를 묻기 위한 부분만 땅을 살 수는 없기 때문에, 구거가 멀리 떨어진 땅이라면 상당 면적의 땅을 매입해야 할 수도 있습니다. 물론 토지사용승낙서를 받아 배수관을 묻을 수도 있지만, 그렇게 하는 데는 상당한 대가가 필요할 것입니다. 그래서 대상 토지 주위에 하수관로가 없다면, 구거 등 방류가 가능한 공공수역이 있는지도 보아야 합니다. 한편 옆 땅의 주인도 건축을 하고자 할 경우, 공동 부담으로 배수로 확보 문제를 처리할 수 있습니다.

토목공사비용이 얼마나 들까?

같은 농경지라도 푹 꺼진 저지(低地)라면 그것을 메우는 데(이것을 성토라고 합니다) 비용이 많이 들 것입니다. 또한 같은 산지라도 경사가 높다면 산을 깎고 옹벽을 세우는 데 비용이 더 많이 들 것입니다(물론 경사도가 심하면 아예 개발허가가 나지 않습니다).

성토비용

주변조건에 따라 천차만별입니다. 주변에 토사가 많이 발생하는 터파기 공사 현장이 많고, 흙을 버릴 곳이 마땅치 않다면 오히려 돈을 받아가면서 성토를 할 수도 있습니다. 흙을 버리는 입장에서는 먼 거리로 운반하는 것보다 돈을 주더라도 가까운 곳에 흙을 버리는 것이 이익이기 때문입니다. 그러므로 같은 토지라면 흙이 발생할 만한 곳 주변의 토지가 가치가 높을 것입니다.

시간적 여유가 있다면 장시간에 걸쳐서 흙이 발생할 때마다 조금씩 받는 방법도 있습니다. 그러나 일반적으로는 성토를 하는 데 비용이 발생하기 마련입니다. 만약 3,000㎡에 높이 1m를 성토한다고 했을 때의 비용을 추산해보면 다음과 같습니다.

소요되는 흙의 총량은 3,000㎡×1m = 3,000㎥(루베)

25톤 덤프트럭 1차당 흙 약 15루베를 실을 수 있으므로,

25톤 덤프트럭은 200대가 필요하다는 계산이 나옵니다.

흙 운반비를 1차당 20만 원(그때그때 조사필요)이라고 하면,

20만 원×200대=4,000만 원이 소요됩니다.

거기에 흙을 다지는 비용(롤러, 포크레인)을 더해야 하는데,

작업 일수가 10일 소요된다고 하면

장비비 50만 원(이것도 그때그때 조사필요)×10일=500만 원

합계 4,500만 원(흙 상태에 따라, 땅을 다지면서 더 많은 흙이 소요될 수도 있습니다)

절토비용

한편 산지 같은 경사지를 개발할 경우 땅을 사용할 수 있도록 평평하게 깎는 작업(이것을 절토라고 합니다)을 합니다. 그리고 경사면이 무너지지 않게 석축이나 옹벽을 쌓습니다. 그리고 물이 흘러갈 수 있도록 하수관로도 설치합니다. 이러한 토목공사비용은 공사 난이도 등에 따라 다르지만 대략 토지면적 3.3㎡당 대략 20~30만 원 내외를 생각하면 될 것입니다. 또한, 산을 깎을 때 100% 다 사용할 수 있는 면적이 나오는 게 아니라는 것도 유의해야 합니다. 경사면(법면)이 존재하기 때문입니다. 경사면에 석축시공을 하는 경우 평지는 약 70%, 옹벽시공을 하는 경우 평지는 약 90%가 나온다고 합니다.

진출입이 편리한가?

대형 차량 진출입이 매우 불편한 너비의 시골길

출처: 저자 제공

법령에서 요구하는 도로가 확보되었다고 하더라도 막다른 도로는 차를 돌리기가 어려워 선호도가 떨어집니다. 또한 도로가 구불구불하고 폭이 좁다면 대형 차량은 진출입이 어려울 것입니다. 대상 토지를 주택으로 개발한다면 소형 차량만 드나들 수 있다고 하더라도 심각한 문제는 없겠지요. 그러나 공장이나 창고로 개발하는 경우 대형 차량의 진출입에 문제가 없는지 생각해야 합니다.

길이 6m 컨테이너를 싣고 다니는 트레일러의 경우 진입도로 폭이 최소 6m는 되어야 합니다. 길이 12m 컨테이너를 싣고 다니는 트레일러의 경우는 8m는 되어야 합니다. 그리고 직각(90도) 미만으로 꺾이는 부분이 없어야 합니다. 만약 그런 부분이 있다면 적어도 그 부분은 도로 폭이 더 넓어야 할 것입니다.

알아둡시다! 산지 투자 시 추가적으로 살펴볼 점

개발하는 데는 농지가 좋을까요? 산지가 좋을까요? 토지 고수라면 대개 농지보다는 산지를 택할 것입니다. 대체로 개발 가능성을 알아보는 데 있어서는 산지가 더 어렵습니다. 그리고 대개 농지전용부담금보다 대체산림자원조성비가 더 저렴합니다. 거래 가격 수준 역시 산지가 쌉니다. 그러나 반대로 생각하면, 산지는 농지보다 자칫 잘못 매입할 가능성이 큽니다.

먼저, 산지는 토양의 질 그리고 나무의 울창한 정도를 보아야 합니다. 암반이 많은 돌산은 토목공사비가 많이 들고 공사 후에도 암반층이 드러나서 미관상 좋지 않으므로 화강암 같은 암반으로 이루어진 임야는 피해야 합니다(이러한 경우 산을 깎기보다는 경사지를 그대로 이용하는 개발을 하면 자연과 어우러진 건축이 될 것입니다). 또한, 자갈이 너무 많거나 토질이 푸석푸석하고 검은 진흙이 많으면 가급적 피하고, 토질이 굳고 단단한 땅이 좋습니다. 임야의 수종을 보면 지반과 지질을 대강 알 수 있는데, 토질이 좋은 임야의 경우 활엽수보다는 침엽수(소나무 등)가 많고, 지반이 암반인 경우 활엽수가 많습니다. 침엽수와 활엽수가 반반이고, 침엽수가 곧게 자라고 있다면 토질이 좋은 임야이나, 수형이 구부러져 힘들게 자라고 있다면 좋은 지질이라고 보기 어렵습니다.

나무가 얼마나 빽빽하게 들어서 있는지 알려면 임업정보 다드림(gis.kofpi.or.kr)의 필지별 산림정보서비스에서 '나무정보'의 '울폐도'를 찾아볼 수 있습니다. 그리고 각 지방자치단체의 도시계획조례에서 개발행위허가의 기준을 찾아보아야 합니다. 대개 대상 토지의 '평균입목축적비율'이 일정 비율 이하인 경우에만 개발행위허가가 가능하도록 규정하고 있을 것입니다. 입목축적비율은 어떻게 조사할까요? 산림청 고시 제2009-78호 '산지전용 허가기준 등의 세부 검토기준에 관한 규정'에서는 입목축적의 조사 방법에 대해 규정하고 있습니다. 현장에서 산지를 살펴볼 때, 산림전문가는 아니더라도 이러한 점들을 사전에 조사한 후 염두에 두고 살펴볼 수 있을 것입니다.

필지별 산림정보 서비스 화면

출처: 임업정보 다드림

(예) '용인시 도시계획조례 제20조제1항제1호'

제20조(개발행위허가의 기준)
① 시장은 다음 각 호의 요건을 모두 갖춘 토지에 대해서 개발행위를 허가할 수 있다. 1. 입목축적의 적용은 '산지관리법'을 따를 것

이에 따라 '산지관리법 시행령' 제20조제6항, 별표4 제2호 다목 2), 3)을 보면
2) 전용하려는 산지의 헥타르당 입목축적이 산림기본통계상의 관할 시·군·구의 헥타르당 입목축적(산림기본통계의 발표 다음 연도부터 다시 새로운 산림기본통계가 발표되기 전까지는 산림청장이 고시하는 시·도별 평균생장률을 적용해서 해당 연도의 관할 시·군·구의 헥타르당 입목축적으로 구하며, 산불발생·솎아베기·벌채를 실시한 후 5년이 지나지 않은 때에도 해

당 시·도별 평균생장률을 적용해서 그 산불발생·솎아베기 또는 벌채 전의 입목축적을 환산한다)의 150% 이하일 것. 다만, 법 제8조에 따른 산지에서의 구역 등의 지정협의를 거친 경우로서 입목축적조사기준이 검토된 경우에는 입목축적에 대한 검토를 생략할 수 있다.
3) 전용하려는 산지 안에 생육하고 있는 50년생 이상인 활엽수림의 비율이 50퍼센트 이하일 것

미개발 토지의 경우, 그 토지에 맞는 용도로 잘 개발만 된다면, 개발자는 개발이익을 향유할 수 있습니다. 개발된 토지를 주거용이나 공업용 또는 상업용으로 이용할 실수요자가 매입해주기 때문에 개발이익을 얻는 것이죠. 그러면 주거용, 공업용, 또는 상업용으로서의 가치 판단은 어떤 사항들을 중점적으로 보아야 할까요? 또한 이미 개발된 부동산의 경우는 가치를 높일 수 있을까요? 자세한 내용은 다음 장에서 살펴보겠습니다.

포털에서 '산림기본통계'를 검색하면 산림청 홈페이지의 해당 항목으로 연결되며, 자료를 다운로드받을 수 있습니다. 다운로드한 자료(2020 산림기본통계)에 의하면 2020년 기준 경기도 용인시의 헥타르당(ha) 입목축적은 144.44㎥/ha입니다. 또한 산림청 홈페이지에서 '평균생장률'을 검색하면 입목 재적의 시도별 평균생장률 적용 기준을 다운로드받을 수 있습니다. 여기에 따르면 경기도의 평균생장률은 2.5%이므로, 2022년의 용인시 평균 입목축적은 다음과 같습니다.

$$144.44 \times (1+2.5\%)^2 = 약 \ 151.75㎥/ha$$

'산지전용 허가기준 등의 세부 검토기준에 관한 규정' 제3조제1항

1. 입목축적의 조사는 표준지 조사 방법에 의한다. 다만, 조사 면적이 1만㎡ 미만인 경우 전수조사 방법에 의할 수 있다.
2. 조사 대상은 가슴높이지름이 6cm 이상인 입목으로 하고, 가슴높이지름은 2cm 괄약(括約)으로 수종별로 측정한다.

3. 수고는 수종별, 가슴높이지름별로 평균 수고를 산출한다.
4. 입목축적 산출
　　가. 전수조사의 경우 입목의 가슴높이지름과 평균 수고를 구해서 입목간
　　　　재적표에서 단목재적을 구한 후 본수를 곱해서 입목축적을 산출한다.
　　나. 표준지 조사의 경우 표준지 재적합계에 전용지 면적과 표준지 면적 합
　　　　계의 비율을 곱해서 입목축적을 구한다.
　　　　입목축적=표준지 재적 합계×전용 대상 면적/표준지 면적 합계

입목간재적표는 산림청 홈페이지에서 '입목간재적표' 또는 '입목재적표'를 검색해서 〈입목재적, 바이오매스 및 임분수확표〉를 다운로드받을 수 있습니다. 이에 따르면 가슴높이지름(흉고직경)이 30cm이고 높이가 6m인 중부지방 소나무의 경우, 수피 포함 재적은 0.5851㎥입니다. 용인시에서, 토지면적 2,000㎡(0.2ha)에 이런 나무가 100그루 있다면 총 재적은 58.51㎥이므로, 58.51㎥/0.2ha=292.55㎥/ha로 용인시 평균 입목축적(2022년 기준 151.75㎥/ha)의 150%를 초과합니다. 따라서 이런 토지의 경우 입목축적을 놓고 볼 때 개발 불가능하다고 볼 수 있습니다.

대상 부동산의
가격 수준 판단하기

토지(+건물)

밸류맵(www.valueupmap.com), 디스코(www.disco.re), 부동산플래닛(www.bdsplanet.com) 등에서는 토지(+건물)의 실거래가 자료를 제공하고 있습니다. 어떤 사이트에는 나오는데 다른 사이트에는 나오지 않는 경우가 있으니 모두 보는 것이 가장 좋을 것입니다. 또한 네이버 부동산에서는 최신 매물 정보를 제공하고 있는데, 거래 사례는 아니지만 이것 역시 참고할 필요가 있습니다.

토지 가격은 시기에 따라 변동되므로, 가능한 한 최근의 거래 사례를 찾아서 비교할 필요가 있습니다. 거래 사례를 선정할 때에는, 그 사례에 대해서도 앞에서 살펴본 부동산 가치를 좌우하는 법령이 대상 부동산과 유사한지 확인해야 합니다. 그 밖에 많은 물적 요인들이 유사하다면 더 좋습니다. 즉, 용도지역 등 공법상 제한이 같거나 유사해야 하며, 가까운 거리에 위치해야 합니다. 도로의 폭, 접근성, 주위환경, 경사도, 형상, 면적 등에서 유사성이 높은지 살펴볼 필요가 있습니다.

  또한 가능한 한 많은 사례들을 분석해볼 필요가 있습니다. 어떤 사례는 실거래가를 낮게 또는 높게 신고했을 수도 있기 때문입니다. 어느 하나의 사례만 가지고 결론을 내리는 것은 위험할 수 있습니다. 해당 지역에 적정한 사례를 찾기 어렵다면, 범위를 넓혀서 이웃 동네에서 찾아볼 수도 있을 것입니다. 다양한 사례들을 분석하다 보면, 정확하지는 않아도 대상 토지는 대략 가격이 어느 범위 정도 되겠구나 하는 것을 알 수 있을 것입니다.

  대상 토지가 건물이 없는 토지이고, 사례도 그렇다면 비교적 비교하기가 용이합니다. 그런데 인근 거래 사례가 토지와 건물이 함께 거래된 경우라면 사례의 토지 가격을 추출해낼 필요가 있습니다. 그러므로 거래 사례 분석을 위해서는 건물 가격을 대략적으로 평가할 줄 알아야 합니다.

  건물은 원가법으로 평가합니다. 즉, 건축하는 데 얼마가 들었는지가 중요합니다. 그런데 신축 건물 말고 몇 년 지난 건물은 어떻게 평가하나요? 신축 가격에서 감가수정하면 됩니다. 해당 건물의 구조, 너비, 높이, 마감재 등을 보고 단위면적(㎡)당 신축 단가에 면적을 곱해서 건물의 신축 가격을 산출할 수 있습니다. 건물의 신축 단가는 한국부동산원이 발행하는 《건물신축단가표》 또는 한국부동산연구원이 발행하는 《건축물 재조달원가 자료집》을 참고해서 결정합니다. 감가수정을 위해서는 해당 건물의 경제적 내용 연수와 최종의 잔존가치율을 먼저 결정하고, 경과 연수에 따라 감가를 행하면 됩니다.

이를테면 벽돌조 단독주택의 경우 내용 연수가 40~50년 사이가 보통입니다. 관리상태가 보통이라면 내용 연수를 45년으로 결정하고, 45년이 지나면 가치는 '0'이 되는 것으로 결정할 수 있습니다. 그리고 건물의 사용승인일로부터 경과된 시간이 9년이라면 현재 시점에서 건물의 잔존가치율은 (45-9)/45=80%가 되고, 건물의 잔존가치는 현재 시점 기준 신축 가격의 80%가 되는 것입니다.

그러나 건물의 연수가 그리 오래 지나지 않았더라도 관리 상태가 좋지 않으면 감가를 크게 합니다. 도심의 주택은 대체로 관리가 잘되는 반면 전원주택은 관리가 잘되지 않아 감가가 대체로 빨리 됩니다. 반면, 건물이 40~50년이 넘었다고 하더라도 여전히 효용이 있다고 판단되는 경우 사용가치를 반영해서 평가할 수도 있습니다. 그럴 경우 보통 신축 단가의 20~30% 내외 정도로 보면 되겠습니다.

한국부동산원이 발행하는 《건물신축단가표》 또는 한국부동산연구원이 발행하는 《건축물 재조달원가 자료집》을 구입한다면 좋은 자료를 확보할 수 있습니다. 그러나 매년 개정되는 자료집을 구입하기에도 돈이 적지 않게 들어가니, 일반 투자자 입장에서는 꼭 그렇게까지 하지 않아도 됩니다. 경매감정평가서를 계속 보다 보면 '감정평가 명세표'에서 용도별 건물의 신축 단가 수준을 알 수 있기 때문입니다. 그래도 건물 평가에 있어 아주 좋은 자료이니 한 권쯤은 구입해볼 만합니다. 일단 하나 구입해보고, 매년 살 수는 없으니 3~5년마다 구입하는 것을 추천합니다. REB 한국부동산원(www.reb.or.kr) 또는 한국부동산연구원(www.kreri.re.kr)에서 발간도서를 신청할 수 있습니다.

또한 검색 포털에서 '건물신축단가표 평균값'이라고 검색하면, '한국부동산원 건물신축단가표 용도별 평균값'을 찾아볼 수 있습니다. 다음은 최근 자료에 실린 '한국부동산원 2021년도 건물신축단가표 용도별 평균값'입니다.

한국부동산원 2021년도 건물 신축단가표 용도별 평균값

'건축법' 제25조제12항 및 표준조례(안) 운영지침*과 관련한 감리비용 산출 시 공사비를 다음과 같이 알려드립니다.

* 표준조례(안) 운영지침: 비상주감리의 공사비 산정 시 **공사내역서** 또는 **한국부동산원 건물신축단가표 용도별 평균값**을 적용할 수 있다.

용도	공사비(원/㎡)
다가구주택	1,651,588
아파트	1,564,630
연립주택	1,902,800
다세대주택	1,639,088
다중주택	1,680,755
오피스텔	1,641,879
근린생활시설	1,567,446
창고	699,500
공장	867,125

이 자료에서 알 수 있는 것처럼 주택은 대략 3.3㎡당 550~600만 원 내외, 상가는 대략 3.3㎡당 500만 원 내외, 공장이나 창고는 대략 3.3㎡당 250~300만 원 내외를 신축단가로 생각하면 될 것입니다. 그러나 일반적으로, 시간의 경과에 따라 '신축빨'이 빠진 경우 위의 재조달원가를 100% 적용하지는 않습니다. 시간이 많이 경과하면 물리적으로도 노후될

뿐 아니라 기능적으로도 신축 건물에 비해 효용이 많이 떨어지기 때문입니다. 오래될수록 재조달원가의 적용 비율이 낮아진다고 보면 됩니다.

이제, 건축물대장과 사진을 보고 개략적인 건물 평가를 해보겠습니다. 우선 다음 거래 사례를 밸류맵에서 찾았다고 해보겠습니다.

창신동 거래 사례

출처: 밸류맵

이렇게 밸류맵에서는 아주 친절하게도 토지와 건물에 관한 더 자세한 정보를 알려줍니다. 이제 거래 사례 전체 가격에서 건물 가격을 제외하면 토지 가격이 나올 텐데, 건물 가격이 얼마나 될까요? 이제 건물을 사진(로드뷰)으로 보도록 하겠습니다.

거래 사례 건물 사진

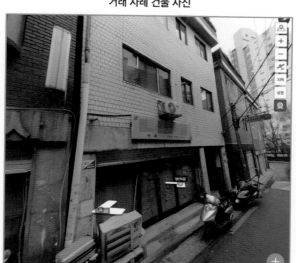

출처: 카카오맵 로드뷰

가운데 보이는, 외벽이 흰 타일로 된 건물이 거래 사례 건물입니다. 그런데 뭔가 이상하지요? 신축년도가 2007년 1월 17일인데, 상당히 오래된 건물처럼 보이니 말입니다. 이럴 때는 건축물대장을 열람해보아야 합니다. 정부24 사이트에 가면 건축물대장을 무료로 열람 또는 발급할 수 있습니다(단, 도면은 발급받을 수 없고, 세움터(cloud.eais.go.kr)에 가면 건축물의 배치도는 발급받을 수 있습니다). 이제 건축물대장을 열람해보겠습니다.

일반건축물대장(갑)

right
(3쪽 중 제1쪽)

고유번호	1111017400-1-	민원24접수번호	20200613 - 50721897	명칭		호수/가구수/세대수	0호/5가구/0세대

대지위치	서울특별시 종로구 창신동		지번		도로명주소	
※대지면적	82.5 ㎡	연면적 293.22 ㎡	지역	제2종일반주거지역	지구	※구역
건축면적	68.08 ㎡	용적률 산정용 연면적 228.14 ㎡	주구조	철근콘크리트 및 벽돌조	주용도 다가구주택 및 근린생활시설	층수 지하 1층/지상 4층
※건폐율	82.52 %	※용적률 276.53 %	높이 11 m	지붕	철근콘크리트(평스라브)	부속건축물
※조경면적 ㎡	※공개 공지·공간 면적 ㎡	건축선 후퇴면적 ㎡	※건축선 후퇴거리 m

건축물 현황

구분	층별	구조	용도	면적(㎡)
주1	지1	철근콘크리트조	제2종근린생활시설(제조업소)	65.08
주1	1층	철근콘크리트조	제2종근린생활시설(제조업소)	45.4
주1	1층	철근콘크리트조	제1종근린생활시설(소매점)	22.68
주1	2층	철근콘크리트조	다가구주택(3가구)	68.08

소유자 현황

성명(명칭) 주민(법인)등록번호 (부동산등기용등록번호)	주소	소유권 지분	변동일 변동원인
정 62 -2******	서울특별시	1/5	2020.05.15 소유권이전
정 59 -1******	서울특별시	4/5	2020.05.15 소유권이전

이 등(초)본은 건축물대장의 원본 내용과 틀림없음을 증명합니다.

발급일자: 2020년
담당자: 부동산정보과
전 화: 02 - 2148 - 2925

서울특별시 종로구청장

고유번호	1111017400-1-	민원24접수번호	20200613 - 50721897	명칭		호수/가구수/세대수	0호/5가구/0세대
대지위치	서울특별시 종로구 창신동		지번		도로명주소	

구분	성명 또는 명칭	면허(등록)번호						주차장				승강기		허가일 1984.04.27
건축주		420722-2*****	구분	옥내	옥외	인근	면제					승용 대	비상용 대	착공일 1984.05.01
설계자			자주식	대 ㎡	대 ㎡	대 ㎡						※ 오수정화시설		사용승인일 2007.01.17
공사감리자			기계식	대 ㎡	대 ㎡	대 ㎡						형식 부패탱크방법		관련주소
공사시공자 (현장관리인)												용량 15인용		지번

※제로에너지건축물 인증	※건축물 에너지효율등급 인증	에너지성능지표 (EPI) 점수	녹색건축 인증	※지능형건축물 인증	
등급	등급	점	등급	등급	
에너지자립률 %	1차에너지 소요량 (또는 에너지절감률) kWh/㎡(%)	※에너지소비총량 kWh/㎡	인증점수 점	인증점수 점	
유효기간:.. ~..	유효기간:.. ~..		유효기간:.. ~..	유효기간:.. ~..	도로명
내진설계 적용여부	내진능력	특수구조 건축물	특수구조 건축물 유형		
지하수위 G.L. m	기초형식	설계지내력 t/㎡	구조설계 해석법		

변동사항

변동일	변동내용 및 원인	변동일	변동내용 및 원인	그 밖의 기재사항
2007.01.17	2007.1.17. 특정건축물 사용승인되어 신규작성[신축, 건축과-1648]	2020.03.18	건축과-6526(2020.03.18.)호에 의하여 용도변경[내역 : 지상1층 다가구주택(2가구) 45.4㎡ → 제2종근린생활시설(제조업소)]	
2020.03.13	청소행정과-7743(2020.03.13.)호에 의하여 정화조시설 변경[부패탱크방법 20인용 → 15인용]			

건축물현황(을)

right
(3쪽 중 제3쪽)

고유번호	1111017400-1-	민원24접수번호	20200613 - 50721897	명칭		호수/가구수/세대수	0호/5가구/0세대
대지위치	서울특별시 종로구 창신동		지번		도로명주소	

건축물 현황					건축물 현황			
구분	층별	구조	용도	면적(㎡)	구분	층별	구조	용도	면적(㎡)
주1	3층	벽돌조	다가구주택(1가구)	68.08				
주1	4층	벽돌조	다가구주택(1가구)	23.9				
		- 이하여백 -						

건축물대장은 건물의 물적 사항을 알려주는 공적 장부입니다. 건축물대장과 건물 등기사항전부증명서는 차이가 있으며, 물적 사항은 건축물대장을 중심으로 정리되고, 권리관계는 등기사항전부증명서로 정리됩니다.

건물 평가에 있어서, 건물의 신축 기준일은 건축이 적법하게 완료되어 승인된 날짜인 '사용승인일'로 보는 것이 보통입니다. 그러나 앞서 건축물대장을 보면 착공일은 1984년 5월 1일로 되어 있고 사용승인일은 2007년 1월 17로 되어 있습니다. 이러한 경우는 오래전에 건축허가를 받았으나 사용승인을 받지 못한 것입니다. 아마도 무허가 건물로서 사용해오다가 2007년에 이르러서야 미진한 부분을 보완해서 사용승인을 받은 것 같습니다. 이 경우 보수적인 관점에서 착공일 내지는 착공일로부터 가까운 날짜를 신축 기준일로 보는 것이 좋습니다. 해당 건물 역시, 실제 건물 사용 시작시점은 1985년경으로 보이기 때문에, 35년 이상 경과한 건물로 볼 수 있겠습니다.

어떤 건물은 착공일자와 사용승인일자가 차이가 거의 없거나 동일한 경우도 있습니다. 건물을 하루이틀 만에 지은 것도 아닌데 어떻게 그럴 수 있을까요? 그런 경우는 조립식 건물로서 만들어진 것을 통째로 가져와서 토지에 하루 만에 고정시킨 경우일 수 있습니다. 아니면 오래전에 무허가 건물을 지었는데 사후에 양성화를 시켜서 적법한 건물로 등재한 경우일 수도 있습니다. 그러니 실제 건물 신축 시점을 따로 알아내어야 할 것입니다. 또한 어떤 건물은 오래전에 완공되기는 했으나 최근에 리모델링한 건물로서 높게 거래되기도 합니다. 그러니 로드뷰의 사진과 건축물대장을 꼭 참조할 필요가 있습니다.

아무튼 이제, 창신동 거래 사례 건물은 약 35년 이상 경과한 건물이라는 것을 알았습니다. 그럼 재조달원가(신축단가)는 얼마 정도로 보아야 할까요? 오래된 건물이므로 과거의 건축 기술의 관점에서 동일한 기능을 가지는 건물을 지으려면 현재 기준의 신축단가보다는 낮은 단가를 적용해야 합니다. 평균 잡아 3.3㎡당 약 350만 원(1,050,000원/㎡)을 적용해보겠습니다. 또한 건물의 내용 연수는 45년으로 적용해보겠습니다. 그렇게 되면 건물단가는 대략 다음과 같이 계산할 수 있습니다.

$$1,050,000원 \times (45-35)/45 = 233,000원/㎡ \text{(천 원 단위로 반올림)}$$

그런데 현재로서는, 해당 건물을 철거한 후 다른 용도로 신축하기가 적합하지 않습니다. 철거 후 다른 용도로 신축하기 위해 거래했다면 아마 거래 후 얼마 안 있어 철거작업이 진행되어 건축물대장도 없어질 가능성이 높습니다. 그러한 경우에는 건물가치를 따로 계산하지 않고 전체 거래가액을 토지만의 거래가액으로 생각할 수 있습니다. 해당 건물은 현재의 용도로 이용하는 것이 최선이며 기껏해야 리모델링 정도 할 수 있을 뿐입니다. 따라서 비록 35년이 경과되었다고 하더라도 현존하는 건물이 거래에서도 중요하게 여겨질 것입니다. 그러므로 단순히 앞서 계산대로 적용할 것이 아니라, 주택의 사용가치 등을 감안해서 건물단가를 300,000원/㎡ 정도로 계산할 수도 있습니다. 그러면 건물 총액은 대략 다음과 같이 계산할 수 있습니다.

$$300,000원 \times 293.22㎡ \text{(연면적)} = 88,000,000원 \text{(백만 원 단위로 반올림)}$$

그러면 거래 사례 토지 가격 총액은 750,000,000-88,000,000=662,000,000원으로 계산됩니다. 따라서 토지단가는 627,000,000÷82.5=8,020,000원/㎡(3.3㎡당 약 2,650만 원 수준)으로 판단할 수 있습니다. 이처럼 건물 가격을 추출해낼 수 있다면, 토지와 건물이 같이 거래된 거래 사례들을 분석해서 토지 가치를 판단하는 데 도움이 됩니다.

 알아둡시다!   **건축물의 가치평가와 관련된 유의사항**

● **일반적으로 면적이 크면 단위면적당 건축비는 낮다**
사용자재와 구조가 동일하더라도 면적이 큰 건물이 작은 건물보다 규모의 경제 등이 작용해서 일반적으로 단위면적당 건축비가 낮습니다.

● **구조와 면적이 같더라도 폭이 큰 건물이 건축비가 높다**
폭이 큰 경우 여기에 필요한 자재도 커야 하고, 이에 수반되는 기초공사비도 높아지기 때문에 그렇습니다. 예를 들어 같은 면적과 구조일 때, 좁고 긴 직사각형 형태의 건물보다 정사각형 형태의 건물이 건축비가 높습니다.

● **층고, 층수가 높으면 건축비도 높다**
층고나 층수가 높으면 외벽의 면적도 늘어나고, 기둥도 더 튼튼하게 만들어야 하고 기초공사비도 더 많아지므로 층고가 높으면 건축비도 높아집니다.

● **(공장의 경우) 크레인이 설치된 건물이 건축비가 높다**
크레인을 설치하려면 그 무게를 감당하기 위해 기둥, 보, 기초에 대한 보강공사가 필요하게 되어 건축비가 높아집니다.

유사한 거래 사례들을 수집하고, 대상 부동산과 비교해서, 어느 것이 우세하고 열세한지 판단해보시기 바랍니다. '대상 부동산과 사례 부동산의 단위면적당 가격이 같다면 둘 중 무엇을 살 것인가?' 하고 말입니다. 가치에 영향을 주는 요인들은 매우 많지만, 무엇이 더 많은 효용을 제공하는지 검토하면 대개 답이 나옵니다. 거래 사례들을 많이 분석해 볼수록 더 잘 판단할 수 있을 것입니다.

상가(구분건물)

토지(+건물)와 마찬가지로 상가도 거래 사례를 찾을 수 있습니다. 하지만 상가는 매매보다도 임대차(월세) 계약이 훨씬 더 많습니다. 그리고 상가의 가치는 임대료를 얼마 받을 수 있는지와 직결됩니다. 대개 상가의 매매가격은 적게는 월 임대료의 250배 내외, 많게는 350~400배 내외에서 형성됩니다. 그 배수는 서울의 강남처럼 자산가치 상승 기대가 높은 지역일수록 높고, 또한 1층의 경우 일반 층에 비해 약간 높은 경향이 있습니다. 대상 상가가 속한 지역에서 매매가 수준이 월세의 대략 몇 배인지 파악하려면 네이버 부동산에서 상가 매물을 보면 됩니다.

상가 매물

출처: 네이버 부동산

매물을 보면 희망 매도가격과 함께 현재 월세 수준이 나와 있습니다. 이 상가의 경우 월세 200만 원, 매도 희망가격은 7억 5,000만 원입니다. 그러면 매매가격이 월세의 375배라는 것을 확인할 수 있습니다. 아마 여기서 살짝 에누리를 해서 거래된다면 월세의 350배 정도에 거래될 수도 있을 것입니다. 이런 식으로 주변의 유사한 매물들을 다 확인하다 보면, 좀 더 낮은 수준에 내놓은 매물도 보게 됩니다. 상식적으로, 더 낮은 수준에 내놓은 매물은 거래될 가능성이 더 높겠지요. 그러면 매매가격이 평균적으로 월세의 몇 배 정도 되겠구나 하는 것을 알 수 있을 것입니다.

그럼 대상 상가의 월세 수준을 어떻게 판단할 수 있을까요? 대상 상가와 위치, 면적, 층 등이 유사한 상가의 월세 매물들을 찾으면 됩니다. 그래서 실사용면적을 기준으로, 단위면적당 월세가 얼마인지 봅니다. 예를 들어 실사용면적 3.3㎡당 15만 원이고 실사용면적이 33㎡라면 월세는 150만 원 정도로 판단할 수 있습니다.

공시가격은 믿지 말자

토지의 경우 공시지가, 주택의 경우 주택공시가격, 상업용 건물 등의 경우 국세청 기준시가가 고시됩니다. 이러한 가격들을 찾아서 참고할 수도 있을 것입니다. 예를 들어, 나름대로 판단한 임야 가격이 공시가격 대비 20배가 되는 등 너무 높다면 다시 면밀히 검토해볼 수 있을 것입니다. 그러나 공시가격은 단순 참고사항일 뿐, 절대 믿어서는 안 됩니다. 이들 공시가격은 과세 목적으로 대량 평가한 것입니다. 그러므로 대상 부동산의 개별적 사항들을 결코 다 반영할 수 없습니다.

예를 들어 보겠습니다. 어떤 토지가 경사가 높아서 물리적으로 사실상 개발이 불가능한 토지일 수도 있습니다. 그런데도, 공시가격은 개발 가능한 평지 대비 90% 정도로 공시되었을지도 모릅니다.

또한 공시가격 자체도 완벽하지 않습니다. 같은 동네에 있는 공시가격이라도, 시세 반영률이 제각각이어서 균형이 맞지 않는 상태일 수 있습니다. 그렇다고 공시가격이 전부 다 엉터리라는 것은 아니지만, 가치 판단의 근거로 삼기는 어렵다는 것입니다.

대상 부동산의 개발(또는 리뉴얼) 후 가치 판단하기

대개 개발 후 부동산 가격에서 건축비 등 개발비용과 이자 등 금융비용 등을 빼도 개발 전 부동산 가격보다는 높습니다. 즉 개발 이윤이 남는다는 것이죠. 하지만 개발 이윤이 얼마나 남을까요? 내가 들인 노력 이상으로 남을 수 있을까요? 그렇지 않다면 개발 손실이 날 수도 있습니다. 따라서 개발 후 부동산 가치 역시 판단해보는 것이 중요할 것입니다. 그래서 개발 후 부동산과 유사한 부동산의 거래 사례들도 수집해서 분석해보아야 합니다.

2장

빈 땅 개발로
가치를 높이자

협소토지 개발로
토지 가치를 높이자

협소토지라도 개성 있는 건축물을 지어낼 수 있다면 토지 가치를 높일 수 있습니다. 세 가지 사례를 통해 생각해보겠습니다.

이런 협소토지가 좋다

경매 사례

출처: 네이버 부동산 경매

경매 물건 로드뷰

출처: 네이버 지도 로드뷰

대상 토지는 지하철 2, 5호선 영등포구청역 사거리에서 도보 약 6분 거리의 역세권에 위치합니다. 점포와 점포 사이에 위치한, 이런 빈 땅입니다. 우선 토지이용계획확인서를 봅니다. 대상 토지는 준공업지역이므로 건폐율 70%, 용적률 400%까지 건축할 수 있을까요? 그러나 지구단위계획구역이므로, 영등포구청 홈페이지에서 지구단위계획의 내용을 확인해야 합니다. 다음과 같이 '지구단위계획'이라고 검색하면 다음과 같이 '지구단위계획'이라는 메뉴를 찾을 수 있습니다.

지구단위계획을 검색하는 방법

출처: 영등포구청 홈페이지

대상 토지는 '영등포1' 지구단위계획구역에 속하므로, 해당 구역의 규제 내용을 찾아봅니다. 그러면 '당산동1가'에 관한 '획지 및 건축물 등에 관한 변경결정도'가 있습니다. 도면에서 해당 지번을 찾아보면, 대상 토지는 '가-18'구역에 속해 있습니다.

영등포구 지구단위계획 화면

출처: 영등포구청 홈페이지

토지에 입혀진 표시와 색깔별로 규제의 내용이 다릅니다. 우선 대상 토지의 경우, 건축한계선이 현황 도로보다 살짝 안으로 들어와 있습니다. 현황 도로선보다 살짝 안쪽으로만 건축할 수 있다는 것이죠.

대상 토지 규제 내용

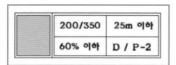

출처: 영등포구 지구단위계획

또한 그림에서 볼 수 있듯이, 색깔별 규제 내용을 확인하면, 건폐율 60%, 기준 용적률 200%, 최대 용적률 350%, 최고 높이는 25m 이하라는 것을 알 수 있습니다. 건축물의 용도에 관해서는, 'D'라고 표시되어 있습니다. 불허용도로는 청과물소매점, 도매시장, 동식물관련시설, 교정 및 군사시설은 허용되지 않습니다. 즉, 카페 및 협

대상 토지 로드뷰

출처: 네이버 지도 로드뷰

소주택 건축에는 문제될 것이 없습니다. 또한 2022년 4월 로드뷰로 보면 도로의 폭도 무난하고, 대상 토지 맞은편에 대형 빌딩이 건축 중입니다. 고정인구 증가가 기대되는 상황입니다.

1층에 카페와 주차장(1대)을 만들고, 2층과 3층(+4층 가능할지도)까지는 주택으로 만들어서 협소주택을 만들면 좋을 것으로 생각됩니다. 협소주택을 3층으로 하고 건축면적을 40㎡로 한다고 하면, 연면적은 대략 120㎡입니다. 협소주택이니 건축비를 조금 높게 잡아서 평당 800만 원 정도로 잡는다면, 총 건축비는 3억 원 정도로 예상됩니다. 그러면 감정가가 7억 8,000만 원 정도이므로 감정가에 낙찰을 받는다고 한다면, 11~12억 원 정도면 위치가 꽤 괜찮은 곳에 자신만의 가게와 집이 생기는 것입니다. 요즘 아파트 가격을 생각하면 꽤 괜찮은 선택이 아닌가 생각됩니다.

협소토지는 모양이 중요하다

경기도 수원시 권선구 금곡동의 땅(54㎡)이 1억 500만 원에 매물로 나온 적이 있었습니다.

사례 토지 지적도

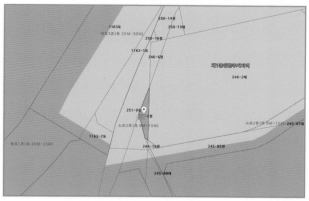

출처: 토지이음

이 토지는 제1종일반주거지역 내 토지로서, 길쭉하고 삼각형 모양을 하고 있었습니다. 참고로 이 토지의 지목은 '전'이지만, 1981년 7월 29일 이전에 주거·상업·공업지역으로 지정된 토지입니다. 따라서 '농지법' 부칙 제7조제4항에 의해서, 개발 시 농지보전부담금 부과대상이 아닙니다. 그런데 로드뷰로 보면 대상 토지는 마트와 공영주차장 사이에 있는 토지인데, 건축이 가능할까요?

사례 토지 로드뷰	사례 토지의 폭
	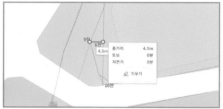
출처: 네이버 지도 로드뷰	출처: 네이버 지도 로드뷰

지금은 도로가 없어 보이나, 지적도로 보면 도시계획도로 '소로2류'에 접해 있습니다. 현황도로가 아니라 계획도로일 뿐이라고 해도, 통행에 별 문제가 없어 보이니 건축허가도 별 문제가 없을 것으로 생각되었습니다. 건축법 제44조제1항에서는 대지가 원칙적으로 2m 이상 도로에 접해야 한다고 규정합니다. 그러나 예외에 대해서도 규정하고 있습니다. 해당 건축물의 출입에 지장이 없다고 인정되는 경우, 건축물 주변에 대통령령으로 정하는 공지가 있는 경우, 농막을 건축하는 경우입니다. 이에 비추어 생각해보면 대상 토지는 건축이 가능한 토지로 보입니다.

그런데 대상 토지의 경우 좁고 긴 모양이라, 직사각형 모양의 건축을 하려면 폭이 2m 정도의 건축물밖에 지을 수가 없어 보였습니다. 2.5m 정도만 되었더라도 키 큰 사람도 누울 수 있는 폭이라서 더 괜찮을 것 같은데 말입니다. 물론 창의적으로 생각하면 더 좋게도 지을 수 있겠지만요. 사실 폭이 그 정도밖에 나오지 않는 이유는 다음과 같은 건축법 및 조례상 제한도 한몫을 합니다.

> '건축법' 제58조(대지 안의 공지) 건축물을 건축하는 경우에는 '국토의 계획
> 및 이용에 관한 법률'에 따른 용도지역·용도지구, 건축물의 용도 및 규모 등에
> 따라 건축선 및 인접 대지경계선으로부터 6m 이내의 범위에서 대통령령으
> 로 정하는 바에 따라 해당 지방자치단체의 조례로 정하는 거리 이상을 띄어
> 야 한다(개정 2011. 5. 30).
>
> '수원시 건축 조례' 별표3 제2호 바목: 0.5m 이상(띄어야 함)

　　대지 안의 공지에는 건축물뿐 아니라 지상으로 돌출된 옥외계단, 건
물출입에 지장을 줄 만한 주차구획선 등도 설치해서는 안 됩니다. 일반
적인 토지의 경우 대지 안에 공지를 만드는 것이 어려운 일이 아니지만,
협소토지의 경우 특히 이 규정을 유의해야 할 것입니다.

사례 토지 위치도

출처: 네이버 지도

대상 토지의 경우 매물 가격 수준이 공시지가 수준밖에 되지 않았지만, 모양 때문에 실질적으로 용도가 상당히 제한되므로 비싼 매물입니다. 사실 위치만 놓고 보면 상당히 괜찮습니다. 대상 토지 북서측의 중심 상가가 보이시죠? 그곳에 신분당선 연장선 지하철역 '호매실역'이 예정되어 있습니다. 그리고 동선을 예측해보면 대상 토지의 남측에 사는 사람들은 중심 상가로 가기 위해 대상 토지 주변을 지나갈 수밖에 없습니다. 그러므로 위치만 놓고 보면 가시성이나 장래성이 상당히 괜찮은 토지라는 것을 알 수 있습니다. 하지만 대지 안의 공지 규정 때문에 대상 토지는 실질적으로 활용이 쉽지 않은 토지로 생각됩니다. 길고 좁은 건축물을 지으면 혹시 또 모르겠지만요.

건축협정을 이용할 수도 있다

　　협소토지의 가치를 살릴 수 있는 방법 중 '건축협정'이라는 것이 있습니다. 다음 자료의 129-168번지는 구도심에 위치한 협소토지인데, 면적이 불과 17.5㎡입니다. 지구단위계획구역에 속해 있습니다. 면적이 너무 작고, 폭 4m 도로에 접해 있지도 않습니다. 즉, 건축이 불가능한 것 같아서 아무 짝에도 쓸모가 없어 보입니다. 하지만 129-169 토지 소유자와 건축협정을 맺는다면 어떨까요? '건축법' 제77조의4를 살펴보겠습니다.

사례 토지 지적도

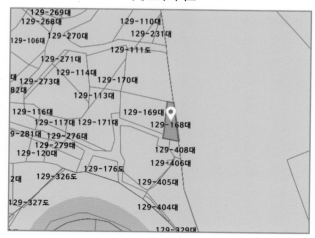

출처: 토지이음

제77조의4(건축협정의 체결) ① 토지 또는 건축물의 소유자, 지상권자 등 대통령령으로 정하는 자(이하 '소유자 등'이라 한다)는 전원의 합의로 다음 각 호의 어느 하나에 해당하는 지역 또는 구역에서 건축물의 건축·대수선 또는 리모델링에 관한 협정(이하 '건축협정'이라 한다)을 체결할 수 있다(개정 2016. 2. 3, 2017. 2. 8, 2017. 4. 18).

1. '국토의 계획 및 이용에 관한 법률' 제51조에 따라 지정된 지구단위계획 구역
2. '도시 및 주거환경 정비법' 제2조제2호 가목에 따른 주거환경개선사업을 시행하기 위해서 같은 법 제8조에 따라 지정·고시된 정비구역
3. '도시재정비 촉진을 위한 특별법' 제2조제6호에 따른 존치지역
4. '도시재생 활성화 및 지원에 관한 특별법' 제2조제1항제5호에 따른 도시 재생 활성화지역
5. 그 밖에 시·도지사 및 시장·군수·구청장(이하 '건축협정인가권자'라 한다)이 도시 및 주거환경 개선이 필요하다고 인정해서 해당 지방자치단체의

조례로 정하는 구역

② 제1항 각 호의 지역 또는 구역에서 둘 이상의 토지를 소유한 자가 1인인 경우에도 그 토지 소유자는 해당 토지의 구역을 건축협정 대상 지역으로 하는 건축협정을 정할 수 있다. 이 경우 그 토지 소유자 1인을 건축협정 체결자로 본다.

③ 소유자 등은 제1항에 따라 건축협정을 체결(제2항에 따라 토지 소유자 1인이 건축협정을 정하는 경우를 포함한다. 이하 같다)하는 경우에는 다음 각 호의 사항을 준수하여야 한다.

1. 이 법 및 관계 법령을 위반하지 아니할 것
2. '국토의 계획 및 이용에 관한 법률' 제30조에 따른 도시·군관리계획 및 이 법 제77조의11제1항에 따른 건축물의 건축·대수선 또는 리모델링에 관한 계획을 위반하지 아니할 것

대상 토지는 지구단위계획구역에 속하므로, 건축협정이 가능한 토지였습니다. 만약 129-169번지 토지 소유자가 129-168번지를 취득하면, 2필지의 소유자가 1인이 되는데, 그런 경우라도 건축협정은 가능합니다. 그렇게 된다면, 129-168번지와 129-169번지는 마치 1개의 필지처럼 사용이 가능한 것입니다. 즉, 129-168번지만을 단독으로 사용한다면 건축을 할 수 없겠지만, 129-169번지에는 오래된 주택이 있어 건축협정을 맺으면 증축이 가능하게 됩니다.

현행 건축법에 의하면 폭 4m 이상 도로에 접해야 건축이 가능하지만, 그보다 훨씬 좁은 도로에 접한, 옛날 단독주택은 증축이 가능할까요? 그렇습니다. 기존 건물에 대한 기득권을 인정해서 법정 한도 내에

서의 증축이 가능합니다. 다음의 사례를 보겠습니다.

사례 주택의 증축 전과 후

출처: 네이버 지도 로드뷰

  서울의 한 주택은 단층이었지만 2층으로 증축한 모습을 볼 수 있습니다. 이 주택은 오른쪽 도로와 대지와의 단차가 커서 사실 오른쪽 도로는 건축법상 도로가 아닙니다. 왼쪽의 계단도로를 통해서 출입합니다. 그런데도 증축이 가능했습니다. 대상 토지의 경우에도 인접주택 소유자와 건축협정을 통해서 건축이 가능하다고 볼 수 있는 것입니다.

  분명, 협소토지는 사람들이 선호하지 않는 물건이지만, 비교적 소액으로 가치를 높일 만한 여지를 갖고 있으니 잘 살펴보시기 바랍니다. 그런가 하면, 못생긴 땅을 분할, 합병, 교환 등을 통해서 쓸모 있게 만드는 방법도 있습니다. 사례를 통해 살펴보겠습니다.

못생긴 땅 분할합병교환으로
쓸모 있게 만들기

평택의 다음 경매 사례를 살펴보겠습니다.

경매 사례 물건

2021타경		수원지방법원 평택지원 관할법원안내	매물목록보기 >				
매각기일 : 2022.05.16 (오전 10:00) / 담당계 : 경매 4계(031-650-3171)					조회수 오늘 1 / 전체 4609 (평균:0)		조회동향보기
소재지	경기도 평택시		1235-4,외 1필지, 지도보기				
물건종별	임야	매각물건	토지만 매각이며, 지분 매각임	감정가	66,579,200원	소유자	한****
건물면적		사건접수	2021.03.29(신법적용)	최저가	(34%) 22,837,000원	채무자	한****
토지면적	484㎡	입찰방법	기일입찰	보증금	(10%) 2,283,700원	채권자	이****
매각 기일내역	구분 매각기일 최저매각가격 결과 1차 2022.01.10 66,579,200원 유찰 2차 2022.02.28 46,605,000원 유찰 3차 2022.04.04 32,624,000원 유찰 **4차 2022.05.16 22,837,000원**			낙찰 ************원 (***.**%) 매각결정기일 : 2022.05.23 / 매각허가결정 대금지급기한 : 2022.07.08 대금납부 2022.06.02 / 배당기일 2022.06.29 배당종결 2022.06.29			
사진							

출처: 네이버 부동산 경매

지적도로 보면 다음 두 필지(1235-4, 1235-5)입니다.

사례 토지 지적도

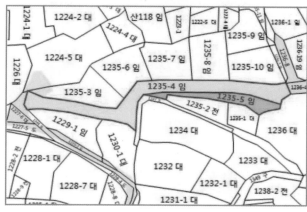

출처: 경매감정평가서

토지 기호1(1235-4)은 진입도로의 지분입니다. 기호2(1235-5)만 사용 가능한 땅인데, 모양이 길고 좁아서 도저히 쓸 수가 없을 것 같습니다.

물건현황						
목록	지번	용도/구조/면적/토지이용계획	㎡당	감정가	비고	
토지	1	███ 1235-4	자연취락지구,가축사육제한구역,성장관리계획구역,계획관리지역,토지거래계약에관한허가구역	임야250㎡	113,000원	28,250,000원	☞ 전체면적 855㎡중 갑구1번 한승민 지분 5000/17100 매각
토지	2	███ 1235-5	자연취락지구,가축사육제한구역,성장관리계획구역,계획관리지역,토지거래계약에관한허가구역	임야234㎡	234,000원	54,756,000원	▶제시외건물로 인한 제한을 고려시 평가액:38,329,200원
		면적계 484㎡			소계 83,006,000원	
감정가	하일감정 / 가격시점: 2021-04-16			합계	66,579,200원	토지만 매각이며, 지분 매각임

출처: 네이버 부동산 경매

감정가격은 총액이 약 83,000,000원인데, 법정지상권 성립 등으로 토지이용에 제약이 따르는 점 등을 고려해서 최저매각가격은 약 67,000,000원으로 결정되었습니다. 이제 항공사진을 보겠습니다.

출처: 네이버 지도

모양이 좋지 않고, 동측 일부를 주택이 점유하고 있습니다. 이런 땅을 어떻게 할 수 있을까요? 우선 동측 일부 주택이 점유하고 있는 부분은 주택 소유자로 하여금 원가(낙찰가) 정도에 사가라고 할 수 있습니다. 싸게 낙찰받을 수 있을 테니까, 주택 소유자로서도 이익일 것입니다. 사지 않는다면 지료를 청구해서 귀찮게 하면 됩니다.

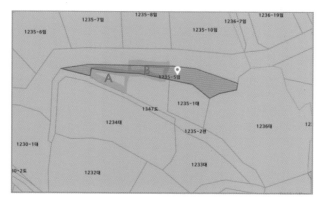

출처: 토지이음

한편, 남측 토지(1235-2) 소유자와 협의해서 토지를 일부 교환할 수 있습니다. 즉, 1235-2 토지의 서측 부분 A를 받고 B 부분을 내어주는 것입니다. 이것은 1235-2 토지 소유자로서도 이익입니다. 토지 모양이 더 좋아졌고, 도로와 단차가 있기는 하지만 어쨌든 북측 도로를 통해 토지로 진입할 수 있는 여지도 생기기 때문입니다. 이렇게 작업하게 되면, 모양이 썩 좋은 것은 아니지만 결과적으로 다음과 같은 삼각형 모양의 땅을 만들 수 있게 됩니다.

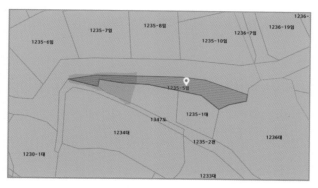

출처: 토지이음

이렇게 토지의 분할 및 합병 작업을 마친 이후에는, 면적이 30평 정도 되니 협소주택을 지을 수 있습니다. 토지의 모양을 더 좋게 만들려면, 남측의 1347번지(지목: 도로)가 국유지이므로, 이를 일부 매수할 수 있다면 더 좋을 것입니다. 결과적으로 제 값을 받고 땅을 팔 수 있게 됩니다.

이 땅은 미래가치도 꽤 괜찮아 보입니다. 평택시에 의해서 성장관리계획구역으로 지정되어 있습니다.

사례 토지의 토지이용계획서

소재지	경기도 평택시 ▨▨▨ 1235-5번지		
지목	임야 ❓	면적	234 ㎡
개별공시지가(㎡당)	79,200원 (2022/01) 연도별보기		
지역지구등 지정여부	『국토의 계획 및 이용에 관한 법률』에 따른 지역·지구등	계획관리지역 , 자연취락지구 , 성장관리계획구역(주거형)	
	다른 법령 등에 따른 지역·지구등	가축사육제한구역(2022-01-26)(일부제한 300m 이내 - 전 축종 제한)<가축분뇨의 관리 및 이용에 관한 법률>	
『토지이용규제 기본법 시행령』 제9조 제4항 각 호에 해당되는 사항			

출처: 토지이음

토지이용계획확인서에 나오는 제한들은 일단 다 찾아보아야 하고, 특히 해당 성장관리계획이 무엇인지에 관해서도 알아보아야 합니다. 평택시청 홈페이지에서 찾아볼 수 있습니다. 해당 계획의 내용을 혼자서 찾기 어렵다면, 평택시청 '성장관리계획'을 검색하면 담당공무원의 연락처가 나옵니다. 여기에 문의를 하면 그 자료를 어디에서 어떻게 다운로드할 수 있는지 알려줄 것입니다.

다음과 같이 고시문이 있습니다.

평택시 고시 제2018 - 156호

평택시 성장관리방안 수립 고시

▨▨▨ ▨▨ 산67번지 일원을 대상으로 수립된 성장관리방안에 대하여 「국토의 계획 및 이용에 관한 법률」 제58조 및 같은 법 시행령 제56조의4 규정에 따라 다음과 같이 고시합니다.

2018년 5월 24일
평 택 시 장

그리고 다음과 같이 성장관리방안 수립 총괄도면이 있습니다.

사례 토지 주변 성장관리방안 수립 총괄도면

출처: 평택시청 홈페이지

이 도면에서 해당 토지의 토지이용계획을 볼 수 있습니다. 찾아보니 해당 토지의 건폐율은 최대 50%, 용적률은 최대 125%, 층수는 4층 이하, 주거형으로 계획되어 있습니다. 그러므로 대상 토지는 평택호 관광단지가 개발되면 그 주변 지역에 속해 있는 토지로, 3층짜리 예쁜 협소주택을 지을 만한 토지라고 생각됩니다. 토지면적이 불과 50㎡ 내외에 불과할 테니, 건축면적을 20㎡, 3층 건물로 총 60㎡ 정도로 계획하면 될 듯합니다. 층고를 높게 한다면 옥상에서는 평택호가 보이지 않을까 기대됩니다. 이 땅 주변으로는 평택호를 따라서 도로개설도 추진 중입니다.

사례 토지 주변 개설 추진 중인 도로 현황

출처: 평택시청 홈페이지

유사 부동산 매물

출처: 네이버 부동산

현재 땅값은 어떨까요? 2022년 7월 기준으로 네이버 부동산을 찾아

보니, 대상 토지와 도로 조건이 비슷한 토지이며 미개발지(지목: 임야)가

3.3㎡당 150만 원에 나와 있습니다. 그러나 이는 호가에 불과합니다. 기존 단독주택들은 얼마에 나와 있는지 확인해볼 필요가 있습니다.

주변 개발지 매물 현황

이웃 마을의 오래된 단독주택 매물입니다. 건물 포함해서 3.3㎡당 약 168만 원에 나와 있습니다(밸류맵이나 디스코에서도 단독주택들의 실거래 사례들을 찾아볼 수 있습니다). 이것으로 미루어 볼 때 지목이 대지인 토지 가격 수준은 3.3㎡당 약 150만 원 정도로 보입니다. 이와 유사한 미개발 토지의 실거래 사례들이 있을까요? 밸류맵(www.valueupmap.com)으로 찾아보니, 2020년 5월에 도로에 접한 미개발지 임야가 3.3㎡당 약 73만 원에 낙찰되었습니다.

    본 건의 경우 이 낙찰 사례 토지보다 위치도 좋고, 그동안 2년간의 지가상승분도 있으니, 3.3㎡당 약 100만 원에 낙찰받는다면 싸다고 생각됩니다. 원가적인 측면으로 접근한다면, 대지 가격이 3.3㎡당 150만 원이라고 할 때, 미개발지의 가격은 어느 정도로 보아야 할까요? 인허가비용 및 토목공사비용, 대체산림자원조성비, 개발자의 적정이윤 등을 감안할 때 대체로 평지인 미개발 토지 가격은 보통 대지 가격의 약 60~70% 수준으로 봅니다. 그렇다면, 대상 부지를 3.3㎡당 약 100만 원 정도로 판단하는 것이 적정하다고 생각됩니다.

    그리고 대상 부지의 면적은 원가에 인접 소유자에게 팔 수 있는 부지까지 합해서 약 100㎡라고 하면 3,000만 원 정도에 낙찰받아야 할 것으로 보입니다(실제 낙찰 사례는 3,000만 원이 넘게 낙찰되었습니다. 그동안의 지가상승분을 더 많이 본 것이 아닌가 생각됩니다).

    이처럼 아무 쓸모없어 보이는 땅도 분할합병교환 작업을 통해서 가치 있게 만들 수 있습니다. 앞서 땅처럼 미래가치가 있는 땅이라면 더 좋겠죠. 분할합병 작업을 통해 맹지에서 탈출한 경우도 있습니다. 맹지였던 땅 일부를 옆 땅의 건물이 침범하고 있었는데, 해당 부분을 내주고 옆 땅 일부를 받아서 진입도로를 확보한 것입니다. 당연히 가치가 크게 올라가겠죠? 분할합병교환이 아니라도 맹지에서 탈출하는 방법은 또 있습니다. 이어서 알아보겠습니다.

맹지라면 도로를
내가 만들어보자!

사례 경매 물건

2018타경		수원지방법원 여주지원	관할법원안내	매물목록보기 ›				

매각기일 : 2022.03.02 (오전 10:00)	담당계 : 경매 1계(031-880-7445)		조회수 오늘 1 / 전체 **5043** (평균:0)	조회동향보기

소재지	경기도 양평군		962-1,외 1필지	지도보기				
물건종별	농지	매각물건	토지 매각(제시외기타 포함)	감정가	336,870,000원	소유자	최****
건물면적		사건접수	2018.10.24(신법적용)	최저가	(34%) 115,546,000원	채무자	최****
토지면적	5267m²	입찰방법	기일입찰	보증금	(10%) 11,554,600원	채권자	농****

매각기일내역	구분	매각기일	최저매각가격	결과	
		2019.12.04	310,535,000원	변경	낙찰 *************원 (***.**%)
	1차	2021.11.17	336,870,000원	유찰	매각결정기일 : 2022.03.09 / 변경
	2차	2021.12.22	235,809,000원	유찰	매각결정기일 : 2022.03.10 / 매각허가결정
	3차	2022.01.26	165,066,000원	유찰	대금지급기한 : 2022.04.19
	4차	**2022.03.02**	**115,546,000원**		대금납부 2022.03.29 / 배당기일 2022.04.26
					배당종결 2022.04.26

사진			
	기호1 토지 및 주변 전경	기호1 토지 및 주변 전경	

출처: 네이버 부동산 경매

사례 경매 물건 위치

출처: 네이버 지도

예를 들어 이런 물건이 있습니다. 면적은 총 5,367㎡이고, 누가 보아도 맹지입니다. 산골짜기에 있네요. 이런 땅은 거들떠보지도 않고 지나치기 쉽습니다. 그러나 진입도로를 내가 만들 수 있다면 이야기가 달라지겠지요. 별다른 전망은 없지만 해당 부지는 골짜기에 위치해서 아늑한 느낌은 있을 것입니다. 또한 양평군 지평면 월산저수지 근처에 위치하므로 월산저수지에 들렀다가 해당 부지에 와보기도 괜찮겠지요.

우선 건축을 위한 도로개설을 해야 하는 길이를 살펴보면, 약 220m 길이의 막다른 도로를 만들어야 함을 알 수 있습니다. 건축이 가능한 도로를 만들기 위해서는 '건축법 시행령' 제3조의3 제2호를 고려할 필요가 있습니다.

도로개설 길이 재기

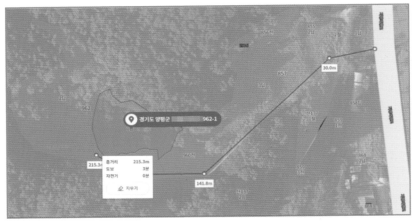

출처: 네이버 지도

막다른 도로의 길이	도로의 너비
10m 미만	2m
10m 이상 35m 미만	3m
35m 이상	6m(도시지역이 아닌 읍면지역은 4m)

이 규정에 따라, 막다른 도로로서 35m 이상의 길이인 경우, 원칙적으로 폭 6m 도로를 확보해야 합니다. 다만 대상 토지처럼 도시지역이 아닌 읍면지역은 폭 4m 이상의 도로를 확보해야 합니다. 해당 토지는 맹지일 텐데, 어떻게 도로를 확보한다는 이야기일까요? 물론 쉬운 일은 아니겠지만, 그렇다고 전혀 불가능한 일도 아닙니다. 지적도를 살펴보면, 대상 토지 남측에 1276번지(구거)가 있고, 이어 동측으로 1214번지(구거), 1214-1번지(구거), 1214-2번지(구거)가 2차선 도로까지 이어져 있다는 것을 알 수 있습니다.

사례 토지 지적도

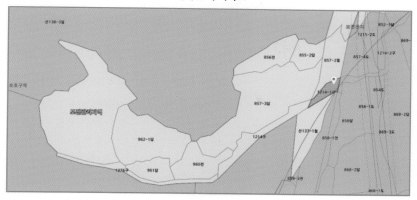

　자동차 통행이 가능한 도로를 만들기 위해서는 이 구거를 이용해볼 필요가 있습니다. 이 구거를 어떻게 도로로 만들 수 있을까요? 구거는 물이 흐르는 길이니까, 무조건 콘크리트로 덮어서 도로로 만들어버리면 안 되겠죠. 물길을 따라, 배수관을 설치하고 그 위로 콘크리트 등으로 포장해서 도로를 만들 수 있을 것입니다. 우선 이러한 도로 조성 사업이 가능한지에 대해 전문가로부터 검토를 받고, 진행이 가능하다면 그에 대해 설계할 필요가 있습니다. 토목설계회사에 문의해볼 수 있을 것입니다.

　도로 조성이 가능하다고 해도, 우리 땅도 아닌데 그냥 공사에 들어가면 안 될 것입니다. 해당 구거는 국유지입니다. 바다나 국유인 하천, 호수도 공유수면(바다, 강, 하천 등 국가나 공공 단체의 소유로서, 공공의 이익에 제공되는 수면을 말한다)에 해당하지만, 구거(溝渠, 수채 물이 흐르는 도랑)로서 국유인 것도 '공유수면'에 해당합니다. 공유수면을 점용하려면 점용허가를 받아야 합니다. 또한 도로처럼 구조물 등을 설치하는 경우에는 공사 착수 전에 실시계획을 세워서 승인을 받아야 합니다.

'소하천정비법'의 규제를 받는 소하천이나, '하천법'의 규제를 받는 하천의 경우에는 점용 허가를 받는 것이 구거보다 더 엄격합니다. 그래서 사설 도로를 만들어서 맹지에서 탈출 시키기는 더 어렵습니다.

일반적인 구거가 아니라 논 옆에 있는, 농수로용 구거인 경우에는 점용허가가 비교적 쉽 습니다. 이 경우에는 '농어촌정비법'에 의해서 '농업생산기반시설의 사용허가'를 받아야 합니다. 다음 그림과 같이, 원래 구거 때문에 진입을 하지 못하던 토지를 사용허가를 받아 서 진입로를 만든 모습을 볼 수 있습니다.

구거의 목적 외 사용

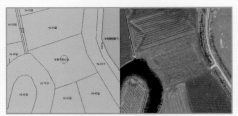

출처: 씨:리얼 지적도, 카카오맵

이렇게 '공유수면 관리 및 매립에 관한 법률'에 의해서 도로개설을 위한 구거 점용허가를 받았다고 해도 아직 끝이 아닙니다. 도로 폭이 4m가 되지 않는 부분은 해당 토지 소유자(961번지, 960번지 등)의 무상 사 용승낙을 받을 필요가 있습니다. "구거 점용비용은 제가 낼 테니 도로 로 조금씩만 내주셔서 도로를 개설할 수 있게 해주십시오. 도로가 만들 어지면 선생님 땅값도 오르지 않겠습니까?"라며 양해를 구할 수 있을 것입니다. 이런 식으로 무상 사용허가를 받으면 됩니다.

그런데 858번지 소유자로서는 이미 2차선 도로에 접해 있으므로 안쪽 으로 향하는 도로를 개설하든 말든 큰 가치 변동은 없을 것입니다. 그래

서 아마도 무상 사용승낙을 받기는 어려울 것입니다. 그래도 안쪽 토지
가 개발되면 유동인구가 많아져서 원래 도로에 접한 토지의 가치도 올라
갈 것입니다. 잘 협상해서 일부를 매수할 수도 있으리라고 생각됩니다.

또한 상수도를 어떻게 만들 것인지도 미리 고려해야 합니다. 도로개
설을 하면서 배수로를 설치했으니 하수로 확보는 어렵지 않을 것입니
다. 그러나 기존 도로에서 멀리 있으니 적어도 지하수 개발 또는 상수도
관 연결은 필요할 것으로 보입니다. 또한 깊숙하게 들어가 있으니 전기,
통신선을 끌어오는 데 비용이 얼마나 들 것인지도 확인해보아야 합니
다. 그럼 어떤 건축물을 지을 수 있을까요?

토지이용계획

소재지	경기도 양평군 962-1번지			
지목	답 ❓		면적	1,683 m²
개별공시지가(m²당)	31,200원 (2022/01) 연도별보기			
지역지구등 지정여부	「국토의 계획 및 이용에 관한 법률」에 따른 지역·지구등	보전관리지역(보전관리지역)		
	다른 법령 등에 따른 지역·지구등	가축사육제한구역(일부제한구역2,000m(닭,오리,메추리,돼지,개))<가축분뇨의 관리 및 이용에 관한 법률>, 배출시설설치제한지역<물환경보전법>, 자연보전권역<수도권정비계획법>, 수질보전특별대책지역(2권역)<환경정책기본법>		
「토지이용규제 기본법 시행령」 제9조 제4항 각 호에 해당되는 사항				

출처: 토지이음

대상 토지의 토지이용계획을 확인하면 용도지역은 보전관리지역입
니다. '국토의 계획 및 이용에 관한 법률 시행령' 별표18 및 '양평군 도
시계획조례' 별표17을 살펴보면 보전관리지역에 설치할 수 있는 건축
물의 종류가 나열되어 있습니다. 다음은 조례에 나온 내용입니다.

양평군 도시계획조례 일부 발췌

보전관리지역 안에서 건축할 수 있는 건축물 (제29조제17호 관련)

※ (4층 이하의 건축물에 한한다.)

1. 영 별표 18 제1호의 각 목의 건축물
2. 「건축법 시행령」 별표 1 제3호의 제1종 근린생활시설(휴게음식점 및 제과점을 제외한다)
3. 「건축법 시행령」 별표 1 제4호의 제2종 근린생활시설(같은 호 아목, 자목, 너목, 및 더목은 제외한다)
4. 「건축법 시행령」 별표 1 제6호의 종교시설 중 종교집회장
5. 「건축법 시행령」 별표 1 제9호의 의료시설
6. 「건축법 시행령」 별표 1 제10호의 교육연구시설 중 유치원·중학교·고등학교
7. 「건축법 시행령」 별표 1 제11호의 노유자시설
8. 「건축법 시행령」 별표 1 제18호가목의 창고(농업·임업·축산업·수산업용에 한한다)
9. 「건축법 시행령」 별표 1 제19호의 위험물저장 및 처리시설
10. 「건축법 시행령」 별표 1 제21호의 동물 및 식물관련시설 중 같은 호 가목 및 마목 내지 아목에 해당하는 것
11. 「건축법 시행령」 별표 1 제22호가목의 하수 등 처리시설(「하수도법」 제2조제9호에 따른 공공하수처리시설만 해당한다)
12. 「건축법 시행령」 별표 1 제24호의 방송통신시설
13. 「건축법 시행령」 별표 1 제25호의 발전시설
14. 「건축법 시행령」 별표 1 제26호의 묘지 관련 시설
15. 「건축법 시행령」 별표 1 제28호의 장례시설
16. 「건축법 시행령」 별표 1 제29호의 야영장 시설

출처: 국가법령정보센터

보전관리지역이라서 안타깝게도 카페(휴게음식점)나 음식점은 지을 수 없네요. 실수요자로서 종교시설이나 노유자시설, 동물 전용 장례식장 등을 설치하기에는 괜찮을 것으로 생각됩니다. 단독주택도 허용이 되기는 하나 너무 외진 곳에 위치해서 선호도가 높을 것 같지는 않습니다.

또한 토지이용계획에 보면 대상 토지는 보전관리지역일 뿐만 아니라 '물환경보전법'에 의한 배출시설 설치제한지역, '환경정책기본법'에 의한 수질보전 특별대책지역(2권역)이기도 합니다. 해당 법률에서는 어떤 제한을 두고 있는지도 추가적으로 고려해야 합니다(해당 법령 페이지에서

Ctrl+F, 즉 찾기 기능을 사용해서 '배출시설', '특별대책' 등의 키워드로 검색하면 토지이용 규제 사항을 더 용이하게 찾을 수 있습니다).

먼저, '물환경보전법'을 살펴보면, 폐수배출시설의 종류는 '물환경보전법 시행규칙' 별표4제2호에 나열되어 있는데, 대개가 제조공장들입니다. 이런 시설들은 해당 토지에 설치가 어려울 것입니다.

다음으로 '환경정책기본법'을 살펴볼까요? 제38조제2항에서는 특별대책지역의 환경개선을 위해서 대통령령으로 토지이용을 제한할 수 있다고 규정하고 있습니다. 이에 따라 대통령령(시행령 제13조제2항)에서는 환경부장관에게 토지이용 제한의 내용을 고시하도록 위임하고 있습니다. 그에 따라 '팔당·대청호 상수원 수질보전 특별대책지역 지정 및 특별종합대책'이 고시되었습니다(환경부고시 제2022-86호에 보면 폐수배출시설, 폐기물처리시설, 집단묘지 등은 입지가 제한됩니다).

이렇게 다른 법령도 고려해본 결과 종교시설이나 노유자시설, 동물전용 장례식장 등은 특별히 제한하는 규정이 없으니 계획을 해볼 만합니다(동물 전용 장례식장은 '동물보호법'에 의한 시설입니다. '장사 등에 관한 법률'에 의한 집단묘지가 아니므로 허용될 것으로 보입니다).

물론 해당 토지는 현재 농지이고, 이런 물건에 입찰하실 분들은 단기간에 개발하기는 어려우니 우선 농지취득자격증명을 할 준비를 하고 입찰해야 할 것입니다. 이렇게 보니, 해당 토지에 건축을 하기 위해서는 넘어야 할 산들이 많습니다. 비용을 계산하다 보면 배보다 배꼽이 더 클 수 있다는 것을 알 수 있습니다.

하지만 이 사례에서 특히 배울 점은 무엇일까요? 맹지라도 인근 토지 소유자의 협조를 이끌어내기 용이한 경우, 직접 사설도로를 개설해서 토지 가치를 높일 수 있다는 것입니다. 물론 상수도 인입이 가능한지, 아니면 지하수 개발이 가능한지, 도로개설에 드는 공사비용은 얼마인지 등 손익은 계산해보아야 할 것입니다. 그리고 외진 곳에 있는 토지라고 해도 그에 맞는 용도(종교시설, 장례식장 등)가 무엇인지를 생각해보아야 할 것입니다. 어쩌면 현재 맹지라고 해도 멋진 카페로 재탄생할 수도 있을 것입니다. 어떻게 그럴 수 있는지는 다음 사례를 살펴보겠습니다.

논 한가운데 땅을
카페로 만들자!

카페 포메그라나테의 전경

출처: tokopedia.com

카페 포메그라나테의 내부 전경

출처: 구글 지도

이 카페는 인도네시아 발리에 있는 '카페 포메그라나테(Cafe Pomegran-ate)'입니다. 논 한가운데 우두커니 서 있는, 끝이 뾰족한 모자 모양 지붕을 가진 오픈 카페입니다. 공간의 경계 없이 300도가 오픈되어 있기 때문에 좌석 어디에서도 파노라마 뷰로 논을 즐길 수 있습니다. 발리섬 우붓(Ubud)의 중심가에서 좁은 도로와 논길을 20분 정도 걸어가면 나오는 이 카페는 논의 중심에 있습니다. 주위 환경과 어울리면서도 개성적인 조형으로 전원과 건축의 아름다움을 보여줍니다. 대한민국에도 이런 카페를 만들 만한 곳들이 분명 있을 것 같습니다.

지도를 보다 보면, 넓게 펼쳐진 논 한가운데 섬처럼 계획관리지역으로 표시된 곳들이 있습니다.

이런 곳에도 카페가 가능할 수 있다

출처: 네이버 지도 지적편집도

넓게 펼쳐진 논들은 대개 용도지역이 농림지역입니다. 그리고 대개 '농지법'상 농업진흥지역으로서 농업인 주택 또는 농축수산업 관련 시설밖에는 짓지 못합니다. 그러나 계획관리지역에서는 대개 그런 규제를 받지 않으므로 카페나 음식점 운영이 가능합니다. 넓은 농경지대 가운데 섬처럼 있는 계획관리지역은 일반적인 계획관리지역보다 주위 환경에 있어 열세해서 토지 가격이 저렴합니다. 그러한 저평가된 토지를 사들여서, 앞서 인도네시아 발리의 카페를 벤치마킹한 카페를 만들어볼 수도 있을 것입니다.

이제 한 경매 사례를 가지고 생각해보도록 하겠습니다. 당진시의 한 농지입니다. 참고로 이인수 저자의 《토지 투자의 보물지도》라는 책에 의하면, 충청남도 당진시는 최근 인구가 많이 유입되었던 지역 중 하나입니다. 앞으로도 발전이 기대되는 도시입니다. 당진시에서도 소문난 지역은 이미 수도권 못지않게 토지 가격이 올라 있다고 합니다. 물건을 찾아볼 때에도, 이렇게 발전이 기대되는 지역에서 집중적으로 찾아보면 더 좋을 것입니다.

경매 사례

2021타경▨▨▨ 물번2	대전지방법원 서산지원	관할법원안내	매물목록보기 >

관련물건번호	1 취하	2 낙찰				

매각기일 : 2022.07.05 (오전 10:00)	담당계 : 경매 2계(041-660-0692)	조회수 오늘 1 / 전체 1328 (평균:10)	조회동향보기

소재지	충청남도 당진시 ▨▨▨▨ 17, 지도보기					
물건종별	농지	매각물건	토지 매각	감정가	221,308,000원	소유자	농****
건물면적		사건접수	2021.08.04(신법적용)	최저가	(49%) 108,441,000원	채무자	농****
토지면적	3628㎡	입찰방법	기일입찰	보증금	(10%) 10,844,100원	채권자	이****

매각기일내역	구분	매각기일	최저매각가격	결과	
	1차	2022.04.26	221,308,000원	유찰	낙찰 ***********원 (***.**%)
	2차	2022.05.31	154,916,000원	유찰	매각결정기일 : 2022.07.12 / 매각허가결정
	3차	**2022.07.05**	**108,441,000원**		

사진	본건 전경(방향변주 8)		

물건현황

목록	지번	용도/구조/면적/토지이용계획	㎡당	감정가	비고
토지	▨▨▨	가축사육제한구역,계획관리지역 답3628㎡	61,000원	221,308,000원	
감정가	하나감정 / 가격시점: 2021-08-19		합계	221,308,000원	토지 매각
현황위치	* 본건은 송악고등학교 동측 근거리 및 영천리마을회관 동측 인근에 각각 위치함. * 본건 및 본건까지 농기계의 진출입이 가능하며, 인근에 버스정류장이 소재하는 등 교통상황은 보통임. * 부정형 평지로서, 기준시점 현재 "답"으로 이용중임. * 지적도상 맹지임.				

출처: 네이버 부동산 경매

감정평가서에는 '지적도상 맹지'라고 나와 있습니다. 지적도를 보면 대로에 접해 있다고 나오기는 하지만, 그 도로가 고속도로라서 진출입은 불가능할 것입니다. 이렇게만 보면 맹지이고, 모양도 별로 안 좋아서 그냥 지나치기가 쉽습니다. 그런데 감정평가서의 지적개황도를 보면, 토지 남측으로 통행 가능한 도로(노란색 가느다란 선)가 또 있는 것을 볼 수 있습니다.

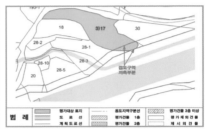

사례 토지의 모양　　　　　**토지 지적개황도**

출처: 토지이음　　　　　출처: 경매감정평가서

카카오맵(map.kakao.com)으로 보니 다음과 같이 폭 2~3m 정도의 콘크리트 포장도로가 있고, 짧은 비포장길을 통해서 들어갈 수 있다는 것을 알았습니다.

대상 토지 로드뷰 사진

출처: 카카오맵

폭 2~3m의 포장도로와 이 짧은 비포장길(농로)은 고속도로의 '도로구역' 안에 포함되어 있으므로, 누구라도 이용 가능한 도로일 것입니다. 그렇다면 대상 토지에는 건축이 가능한 것일까요? 건축법에서는 건축을 위해서는 일반적으로 폭 4m 이상의 도로를 요구합니다. 그러나 시골지역에서는 도로의 폭이 4m가 되지 않더라도 소규모 건축을 허용해주는 경우가 있습니다. 항공사진을 보면, 대상 부지 남서측에도 폭 2~3m 도로에 접해 있는 단독주택 부지가 있는 것을 볼 수 있습니다.

사례 토지 항공사진

출처: 카카오맵

여기서 당진시의 개발행위허가기준을 살펴보도록 하겠습니다. 국가법령정보센터(www.law.go.kr)에서 자치법규 중 '당진시 도시계획조례'를 검색합니다. 당진시 도시계획조례 별표1에 보면 개발행위허가기준이 나와 있습니다(지방자치단체 도시계획조례에 나와 있지 않은 경우, '국토의 계획 및 이용에 관한 법률 시행령' 별표제1의2호를 보시면 됩니다. 또한 국토교통부 훈령 '개발행위허가 운영지침'도 참고할 수 있습니다). 개발행위허가기준은 개발행위의 유형별로(즉, 건축물의 건축, 토지의 형질변경, 토석 채취, 토지 분할, 물건을 쌓아놓는 행위 등) 검토해야 할 사항들을 규정하고 있습니다. 이 개발행위허가기준에 보면 진입도로의 설치기준에 관해서도 규정하고 있는데, 그 일부는 다음과 같습니다.

> 4. 진입도로의 설치기준은 다음의 조건을 충족하여야 한다.
> (가) 진입도로는 도시·군계획도로 또는 시·군도, 농어촌도로에 접속하는 것을 원칙으로 하며, 위 도로에 접속되지 아니한 경우 (나) 및 (다)의 기준에 따라 진입도로를 개설하여야 한다. 단, 차량 진출입이 가능한 기존 마을안길, 농로 등에 접속하는 농업·어업·임업용 시설(가공, 유통, 판매 및 이와 유사한 시설은 제외), 부지면적 2,000㎡ 미만으로서 제1종 근린생활시설 및 단독주택(건축법 시행령 별표1제1호 가목에 의한 단독주택)의 건축인 경우는 그러하지 아니하다.

보시는 바와 같이, 차량진출입이 가능한 기존 마을안길, 농로 등에 접속하는 토지는, 부지면적 2,000㎡ 미만의 제1종근린생활시설 및 단독주택의 건축이 가능합니다. '건축법 시행령' 별표1제3호에 의하면 제1종근린생활시설에는 휴게음식점(카페)으로서 바닥면적 300㎡ 미만에 해당하는 것도 포함됩니다. 생산관리지역이나 보전관리지역에서는 휴게음식점의 설치가 금지되어 있지만, 대상 토지는 계획관리지역에 속합니다. 따라서 단독주택과 소규모 카페의 건축이 가능할 것으로 보입니다. 물론 당진시에 문의는 꼭 해야 합니다. 대상 토지 남서측에 주택이 있어 상하수도 연결 또한 가능할 것으로 예상되지만 확인은 필요할 것입니다. 또한, 대상 토지로 진입하는 짧은 비포장 농로가 있기는 하지만, 고속도로를 관할하는 관리청에 도로구역의 일부에 대해 점용허가를 받아야 할 수도 있습니다. 이것은 여기서는 논외로 하겠습니다.

토지 주변 전경

출처: 카카오맵

　그럼 이 못생기고 외딴 곳에 위치한 맹지에 무엇을 할 수 있을까요? 우선 부지 면적 2,000㎡까지는 개발 할 수 있으므로, 여기에 2층 짜리 건물을 지어 1층 일부 는 전원주택으로 만들고, 1층 일부는 카페 접객실, 2층은 카페공간으로 할 수 있으리라고 생각됩니다. 옥상은 주변의 농경지들을 전망할 수 있 는 공간으로 만들 수 있을 것입니다. 위 사진과 같은 조망이 예상됩니다.

카페 '블로비 노형'의 정원

출처: 저자 제공

　그럼 개발면적 외 나머지 공간은 뭘 할 수 있을까요? 카페를 더 멋지게 만들 수 있는 공간을 조성하면 됩니다. 잔디밭을 만들고, 조경 수를 심는데, 조경수는 인 접 토지의 경계 부근에 심 어도 괜찮을 것입니다. 예를 들어, 제주도의 '블로비 노형'이라는 카페 에서는 위의 사진처럼 잔디와 조경수를 이용해서 멋지게 정원을 조성 한 것을 볼 수 있었습니다.

　고객들을 위한, 투명한 공간들은 까다로운 건축허가가 필요 없는 가 설건축물로 생각됩니다. 컨테이너나 야외 전시시설 등 일정 용도의 가

설건축물 등은 축조 신고만 하면 개발행위허가를 득하지 않고도 건축이 가능하기 때문입니다('국토의 계획 및 이용에 관한 법률' 제56조제4항제3호 및 동법 시행령 53조제1호, 건축법 시행령 제15조제5항 등 참조).

또한 '농지법 시행령' 제2조제1항에서 알려주는 것처럼, 잔디밭을 조성하거나 조경수를 심는 것 역시 농지에 허용되는 행위입니다. 그러므로 농지를 소유한다고 해서 반드시 밭농사나 논농사를 지어야 하는 것이 아닙니다.

농지법 시행령 제2조(농지의 범위)

① '농지법'(이하 '법'이라 한다) 제2조제1호가목 본문에서 '대통령령으로 정하는 다년생식물 재배지'란 다음 각 호의 어느 하나에 해당하는 식물의 재배지를 말한다.
1. 목초·종묘·인삼·약초·잔디 및 조림용 묘목
2. 과수·뽕나무·유실수 그 밖의 생육기간이 2년 이상인 식물
3. 조경 또는 관상용 수목과 그 묘목(조경 목적으로 식재한 것을 제외한다)

농지를 취득하기 위한 '농업경영계획서'를 작성할 때에도, '주재배 예정 작물의 종류'에 '잔디'라고 기재하면 될 것입니다. 또한 농지법 시행령 제3조제1호에 의하면, 1,000㎡ 이상의 농지에서 다년생식물(잔디 포함)을 경작한다면 농업인으로 인정되어 농업인으로서의 혜택을 받을 수도 있을 것입니다.

그럼 대상 토지의 적정 거래 수준은 얼마나 될까요? 감정 가격은 3.3㎡당 약 20만 원이지만, 최근 거래 사례를 보면 근처에 있는 꽤 좋은 도

로에 접한 계획관리지역 농지가 3.3㎡당 약 20만 원에 거래된 것을 확인할 수 있습니다.

거래 사례 토지 현황

출처: 밸류맵

따라서 대상 토지의 감정평가액은 현재 시점에서 주변 거래 사례 등을 볼 때 다소 고평가된 것으로 생각됩니다. '지적상 맹지'로 평가하기는 했지만 실제로는 폭 약 4m 도로에 접한 토지와 비슷한 수준으로 평가된 것으로 보입니다. 따라서 본 토지의 가치를 3.3㎡당 약 15만 원으로 볼 때, 더 저렴하게 낙찰받아야 이익이니 3.3㎡당 약 12만 원에는 낙찰받아야 할 것으로 생각됩니다. 낙찰 이후에는 앞서 나온 활용방안을 검토해볼 수 있겠습니다.

공익용산지, 개발제한구역의 산지라고 하면 일반인은 접근 불가능한 것이라고 생각하기 쉽습니다. 하지만 그런 토지도 활용방안이 있습니다. 지금부터는 그 내용을 살펴볼 것입니다.

보전산지에서도
캠핑장은 가능하다

'산지관리법' 제2조제1호에 의하면 산지는 다음과 같이 정의됩니다.

1. '산지'란 다음 각 목의 어느 하나에 해당하는 토지를 말한다. 다만, 주택지(주택지조성사업이 완료되어 지목이 대(垈)로 변경된 토지를 말한다) 및 대통령령으로 정하는 농지, 초지(草地), 도로, 그 밖의 토지는 제외한다.
 가. '공간정보의 구축 및 관리 등에 관한 법률' 제67조제1항에 따른 지목이 임야인 토지
 나. 입목(立木)·대나무가 집단적으로 생육(生育)하고 있는 토지
 다. 집단적으로 생육한 입목·대나무가 일시 상실된 토지
 라. 입목·대나무의 집단적 생육에 사용하게 된 토지
 마. 임도(林道), 작업로 등 산길
 바. 나목부터 라목까지의 토지에 있는 암석지(巖石地) 및 소택지(沼澤地)

그리고 산지는 보전산지와 준보전산지로 나눕니다. 그리고 보전산지는 임업용산지와 공익용산지로 나눕니다. 공익용산지가 토지이용에 관

한 규제가 더 강합니다. 사실 일반인들은 보전산지, 특히 공익용산지 개발은 접근조차 하지 말라고 권유받고 있습니다(그래서 보전산지는 상대적으로 가격도 저렴합니다). 그러나 사실 공익용산지를 어떻게 이용할 수 있을지 알고 나면 불가능한 일이 어디 있겠습니까? 공부하기 나름입니다. 다음 아이디어도 생각해볼 수 있습니다.

산꼭대기에서의 캠핑

출처: pexels.com

산꼭대기의 평평한 곳에서 캠핑하는 모습의 사진입니다. 자동차로 접근만 잘 할 수 있다면, 캠핑 장소로는 오히려 산꼭대기가 선호될 수도 있습니다. 그러니 개발에 많은 제약이 있는 산꼭대기 '보전산지'도 캠핑 명소가 될 수 있지 않을까요? 분명 눈여겨볼 필요가 있습니다. 캠핑은 아웃도어의 대세가 되었습니다. 캠핑을 가면 흔히 텐트를 치고, 고기를 구워 먹고, 캠프파이어(불멍)를 하게 됩니다. 하지만 저는 요리도 못하고 고기 굽기도 잘 못합니다. 그렇지만 휴가철에는 야외에서, 침낭 속에서 자는 낭만을 느껴보고 싶을 때도 있기는 합니다. 저 같은 사람들이 많았는지, 캠핑의 수고로움을 덜어주는 글램핑이라는 방식도 등장하기는 했지만, 저는 글램핑에서도 상대적으로 열악한 욕실 때문에 불편함을 겪었고, 그다지 아웃도어의 즐거움을 만끽하지 못했습니다.

저는 《82가지 창업 아이템》이라는 책에서 저 같은 사람들을 위한 캠핑장 사업 아이디어를 제안하는 것을 보았습니다. 깨끗한 화장실과 가격이 저렴한 상품으로 채워진 중형 슈퍼마켓을 설치해서 이용자의 편의성을 극대화한 캠핑장을 만드는 것입니다. 그 슈퍼마켓에는 캠핑에 편리한 인스턴트식품 등 일반 상품은 물론, 호텔식 아침 식사까지 있습니다. 여기에 아침 식사를 주문하면 매니저가 핫케이크와 커피를 텐트까지 배달해줍니다. 고기 굽는 것을 준비하는 시간을 절약하고, 인근 관광이나 하이킹을 즐기는 시간을 늘릴 수 있습니다. 물론 주변 자연환경이 좋고 관광자원도 있어야 할 것입니다. 이렇게 하면 고기를 구운 뒤 발생하는 쓰레기로 캠핑장이 더러워지는 것을 억제하는 효과도 있습니다.

여기에 저의 아이디어를 더하면, 캠핑장의 한 구획(lot)마다, 작은 욕실 겸 화장실을 만들어주는 것은 어떨까 하는 생각입니다. 즉, 아파트에 있는 욕실 크기(대략 가로 2m, 세로 3m, 높이 2.5m)에 단열이 잘되는, 선반이 설치된 욕실 겸 화장실을 만드는 것입니다. 이렇게 하면 캠핑을 와서도 편안하게 씻고 옷을 갈아입는 일이 가능할 것 같습니다.

그런데 이것이 보전산지에서도 법적으로 가능할까요? 캠핑장(법에서는 '야영장'이라고 표현하고 있습니다) 개발은 산지관리법상 산림공익시설로 분류됩니다. 산림공익시설에는 수목원, 자연휴양림 등도 있습니다. 아무튼 산림공익시설로 분류되는 야영장은 보전산지인 임업용산지나 공익용산지에서도 가능합니다('산지관리법' 제12조제1항제3호, 제12조제2항제2호 참조). 관청의 승인을 얻기도 비교적 쉽습니다. 허가가 아닌 신고만으로도 가능합니다('산지관리법 시행령' 제17조제2항제3호 참조). 야영장업을 하시려는 분들은 공익적 목적에도 기여한다는 자부심을 가지셔도 될 것 같습니다.

숲속 야영장에는 어떤 시설을 설치할 수 있을까요? '산림문화·휴양

에 관한 법률 시행령' 별표3의2에 의하면, 기본시설(야영장 등), 편익시설
(휴게음식점 영업소 등), 위생시설(화장실 등) 등을 설치할 수 있습니다. 기본시
설을 설치할 때는 다음의 기준을 따라야 합니다.

> 가. 일반 야영장의 야영시설은 야영 공간(텐트 1개를 설치할 수 있는 공간)당
>   15㎡ 이상을 확보하고, 텐트 간 이격거리를 6m 이상 확보할 것
> 나. 자동차 야영장의 야영시설은 야영 공간(차량을 주차하는 공간과 그 옆에
>   야영 장비 등을 설치할 수 있는 공간을 말한다)당 50㎡ 이상을 확보하고,
>   텐트 간 이격거리를 6m 이상 확보할 것
> 다. 야영지는 주변 환경을 고려해서 적당한 울폐도(鬱閉度: 숲이 우거진 정
>   도) 및 차폐도(遮蔽度: 숲으로 둘러싸인 정도) 등을 유지할 것

그런데, 일반야영장 등 기본시설을 설치하는 경우 기본시설 안에 위
생시설(화장실, 샤워장 등)을 설치할 수 없도록 하고 있습니다. 제 아이디어
가 그대로 실현되기는 어려울 것 같아서 아쉽습니다. 그런데 이렇게 하
면 어떨까요? 4개의 캠핑 구획을 만든 후, 가운데 부분에 4개의 미니
욕실을 붙여서 만드는 것입니다. 그리고 각 캠핑 구획은 키 큰 나무 등
을 이용해서 가려주는 것입니다. 그에 더해 각 캠핑자들이(명목상은 공동 위
생시설이지만) 전용 욕실을 이용할 수 있도록 해주는 것입니다. 아마 이런
안은 실현 가능하지 않을까요?

이외에도 숲속 야영장에 어떤 시설을 설치할 수 있고, 또 어떤 기준
으로 설치해야 할지, 그리고 야영장업을 운영하는 데 어떤 안전과 위생
의 기준을 따라야 할지 알 수 있을까요? 이에 대해서는 법령에서 자세
히 규정하고 있습니다. '산림문화·휴양에 관한 법률 시행령' 별표3의

2, '관광진흥법' 제4조제3항 및 제20조의2에 따른 야영장업에 관한 기준을 참조하실 수 있습니다. 그럼 어느 정도 면적까지 건축이 가능할까요? '산림문화·휴양에 관한 법률 시행령' 제9조의3제2항에서는 설치시설의 규모를 다음과 같이 규정하고 있습니다.

제9조의3(숲속 야영장에 설치할 수 있는 시설의 종류·기준 등)

② 법 제20조제5항에 따라 숲속 야영장에 설치할 수 있는 시설의 규모는 다음 각 호와 같다(개정 2016. 11. 22, 2017. 6. 27).
1. 숲속 야영장 조성에 따른 산림의 형질변경 면적(숲속 야영장 조성 전에 설치된 임도·순환로·산책로·숲체험코스 및 등산로의 면적은 산림의 형질변경 면적에서 제외한다)은 다음 각 목의 기준에 따를 것
   가. 국가 또는 지방자치단체가 조성하는 경우: 숲속 야영장 면적의 100분의 10 이하
   나. 가목 외의 자가 조성하는 경우
      1) 숲속 야영장 면적이 1만㎡ 이하인 경우: 숲속 야영장 면적의 100분의 30 이하
      2) 숲속 야영장 면적이 1만㎡ 초과 5만㎡ 이하인 경우: 숲속 야영장 면적 중 1만㎡를 초과하는 면적의 100분의 5에 3,000㎡를 합한 면적 이하
      3) 숲속 야영장 면적이 5만㎡ 초과인 경우: 숲속 야영장 면적의 100분의 10 이하
2. 위생복합시설, 관리센터 등 건축물의 층수는 2층 이하가 되도록 하고, 숲속 야영장 중 건축물이 차지하는 총 바닥 면적은 숲속 야영장 면적의 100분의 10 미만이 되도록 할 것

그러니까 보전산지에서도 규정들을 준수하는 한 캠핑장(야영장) 사업이 가능하다는 이야기입니다. 일반인은 거들떠보지도 않는 보전산지도 이런 식으로 접근해서, 부동산의 가치를 높이는 일이 가능합니다(다만 개발제한구역에서는 '개발제한구역의 지정 및 관리에 관한 특별조치법 시행령' 별표1에 따라야 합니다. 즉, 개발제한구역 10년 이상 거주자 등만 캠핑장 사업이 가능하고, 임야로서 석축·옹벽 설치를 수반하는 경우 할 수 없습니다. 설치 규모에 관한 기준도 다소 다릅니다. 대개는 부지 면적의 10% 이내로 해야 합니다). 프라이빗하면서도, 편리한 욕실시설을 구비해놓은 캠핑장이 있다면 저 같은 사람들에게는 참 좋을 것 같습니다. 캠핑족들의 편의성을 높여 사업하고 있는, 미국 '코아'사의 홈페이지(www.koa.com)도 참고하면 도움이 될 것입니다.

 알아둡시다! **임업인이 되어볼까?**

이 밖에도, '임업인'의 자격을 갖추게 되면, 보전산지에 일정 용도·규모로 개발이 허용됩니다. 우선 부지면적 660㎡ 미만의 실거주용 주택이 허용됩니다. 임업용산지에서는 부지 200㎡의 산림경영관리사, 부지면적 1,000㎡ 미만의 임산물 전시 및 판매시설 등도 건축이 가능합니다('산지관리법 시행령' 제12조, 제13조 참조). 그럼 임업인은 어떻게 될 수 있을까요? '임업 및 산촌 진흥촉진에 관한 법률' 제2조제2호 및 동법 시행령 제2조에 의하면, 임업인은 다음의 요건 중 어느 하나를 갖추어야 합니다.

1. 3헥타르(3만㎡) 이상의 산림에서 임업을 경영하는 자
2. 1년 중 90일 이상 임업에 종사하는 자
3. 임업 경영을 통한 임산물의 연간 판매액이 120만 원 이상인 자
4. 산림조합법에 따른 조합원으로서 임업을 경영하는 자

여기서 임업이란, 다음과 같은 것들이 있습니다.

1. 영림업(자연휴양림, 수목원 및 정원의 조성 또는 관리·운영 포함)

2. 임산물생산업: 여기서 임산물이란 다음과 같은 것들입니다('산림자원의 조성 및 관리에 관한 법률' 제2조제7호)

   – 목재, 수목, 낙엽, 토석 등 산림에서 생산되는 산물(産物)

   – 조경수·분재수

   – 가지·꽃·열매·생잎·장작·톱밥·나무조각 등 수목의 일부분

   – 대나무류·초본류·덩굴류·이끼류

   – 산림버섯·떼

   – 숯(톱밥숯을 포함한다)·수액(수목 또는 대나무를 태워서 얻는 응축액을 포함한다)

   – 합판·단판·섬유판(Fiberboard)·집성재·성형재·마루판·목재펠릿 등 50% 이상의 목재가 포함된 목재 제품

3. 임산물유통·가공업

4. 야생조수사육업

5. 분재생산업

6. 조경업

7. 수목조사업 등 임업 관련 서비스업

개발제한구역도 개발할 수 있다

　일반인 입장에서는 개발제한구역을 개발할 수 있다고 하면 이해가 안 될 것입니다. 그러나 '개발제한구역의 지정 및 관리에 관한 특별조치법' 제12조제1항 단서에서는 허가를 받아 설치가 가능한 시설의 종류를 규정하고 있습니다. 그리고 동법 시행령 별표1은 설치 가능한 구체적 시설들을 나열하고 있으며, 별표2는 허가의 세부 기준에 대해 규정합니다(혹시 아이디어가 떠오를지도 모르니 원문을 한번 보는 것을 추천드립니다).

　개발제한구역 농지와 산지 중에서는 농지가 상대적으로 규제가 덜합니다. 예를 들어 다음과 같은 토지이용은 개발제한구역 농지에서 형질변경에 해당하지 않습니다. 대법원 판례(1996. 7. 12, 96도1237)에 의하면 "개발제한구역 내인 서울 도봉구 도봉동 341의 3 외 2필지의 밭에 1989년 7월 1일부터 이동이 용이치 않은 건축용 자재인 패널 약 500㎡와 그 밭에 높이 1.5m, 길이 4.2m, 폭 1.6m의 철재로 된 사무실을 설치하고 패널임대업을 하고 있는 사실"에 대해서 토지의 형질변경의 한 형태로 볼 수 없다고 했습니다.

또한 대법원 1998. 4. 14, 선고, 98도364, 판결에 의하면, "허가를 받지 아니하고, 1996. 6월경부터 피고인 소유로서 개발제한구역 내에 있는 서울 서초구 신원동 174의 1 답 582 중 430㎡(를) 정지되어 차량이 출입할 수 있는 평탄한 상태에서… 음식점의 주차장으로 사용…했고, 같은 해 8월경부터 피고인 소유로서 개발제한구역 내에 있는 같은 동 174의 3 전 189㎡ 중 100㎡(를) 정지되어 식탁을 설치할 수 있고 사람들이 출입할 수 있는 상태에서… 음식점의 야외영업장으로 사용"한 사실에 대해서 형질변경에 해당하지 않는다고 판단했습니다.

반면, 개발제한구역 임야는 나무 한 그루도 마음대로 베어낼 수 없고, 현재 나무가 없다고 해도 산지복구의 의무가 있습니다(단, 구 '산림법'이 시행된 1962. 1. 20 이전부터 나무가 없는 임야는 산지복구의 의무가 없습니다). 하지만 개발제한구역의 임야라고 해도 이용 가능 용도가 없는 것은 아닙니다(참고로 앞에서 언급한 '캠핑장'의 경우, 개발제한구역에서는 국가, 지방자치단체 또는 공공기관만 설치 가능합니다).

예를 들어 생각해보겠습니다. 경매 물건입니다.

이곳은 48번 국도 대로변에 접해 있어서 접근성이 좋습니다. 다만, 대로변에 직접 접해 있는 것은 아니라 48번 국도변에서 바로 진입 가능한 토지는 아닙니다. 48번 국도는 차가 씽씽 달리는 도로법상 도로이고, 따라서 교차로 주변에는 진입로를 설치할 수 없게 되어 있습니다. 진입로 설치를 허가해주면 차량의 원활한 통행에 방해가 되기 때문입니다.

경매 사례

경매 사례 주변 현황

다시 말하면, 이 토지는 대로에서 바로 진입하는 것이 아니라, 서측의 비교적 좁은 도로를 통해 차량 진출입이 가능한 것입니다. 서측의 주유소 역시 대로변에서 직접 진입하는 것이 아니라 주유소 동측의 비교적 좁은 도로로 통행하고 있습니다. 아무튼, 도로법상 도로와 도로점용에 관한 내용은 이 책에서 다루고자 하는 주된 내용에서 벗어나니 이 정도로 간략히 언급하기로 하겠습니다(보다 자세한 내용은 필자의 블로그 등을 참조하시기 바랍니다). 접근성이 우수한 토지라는 점에 다시 초점을 맞추고 본론으로 돌아오겠습니다. 먼저 토지이용계획사항을 열람해보겠습니다.

사례 토지의 토지이용계획사항

소재지	경기도 김포시 ▨▨ 산 53-4번지			
지목	임야 ❓		면적	11,828 ㎡
개별공시지가(㎡당)	96,500원 (2022/01) 연도별보기			
지역지구등 지정여부	「국토의 계획 및 이용에 관한 법률」에 따른 지역·지구등	도시지역 , 자연녹지지역, 고도지구(공항고도제한해발50.50m~112.86m미만)		
	다른 법령 등에 따른 지역·지구등	가축사육제한구역(모든축종 제한)<가축분뇨의 관리 및 이용에 관한 법률>, 개발제한구역(제한)<개발제한구역의 지정 및 관리에 관한 특별조치법>, 수평표면구역<공항시설법>, 원추표면구역<공항시설법>, 장애물제한표면구역<공항시설법>, 군사기지 및 군사시설 보호구역(육군17사단관할지역)<군사기지 및 군사시설 보호법>, 제한보호구역(전방지역:25km)(협의지역)<군사기지 및 군사시설 보호법>, 성장관리지역<산업집적활성화 및 공장설립에 관한 법률>, 공익용산지<산지관리법>, 보전산지<산지관리법>, 성장관리권역<수도권정비계획법>, 철도보호지구(2019-07-26)(철도과)<철도안전법>		
「토지이용규제 기본법 시행령」 제9조 제4항 각 호에 해당되는 사항	중점경관관리구역 <추가기재> 본증명은간혹전산오류로인하여허사실과다를수있으니인허가나토지거래전등지역지구등의편입여부를반드시관계관서에확인받으시기바랍니다.			

출처: 토지이음

자연녹지지역, 개발제한구역이고, '산지관리법'상 보전산지이자 공익용산지라는 것을 알 수 있습니다. 개발제한구역 임야(공익용산지)를 무엇으로 사용할 수 있을지 보려면 '개발제한구역의 지정 및 관리에 관한 특별조치법' 및 '산지관리법'을 우선 살펴보아야 합니다. 그래서 두 법령에서 공통적으로 허용하고 있는 것이 무엇인지 검토해보아야 합니다.

개발제한구역이자 공익용산지에서, 공통적으로 허용하고 있는 행위들은 공익적 목적을 위한 것들입니다. 그래서 많은 경우 국가나 지방자치단체나 공공기관이 설치하는 공익적 시설에 한해서 설치가 가능한 것들을 열거해놓고 있습니다. 또는 인근에 오랫동안(10년 이상) 거주한 주민이 마을공동시설로 개발하도록 허용해놓은 경우도 있습니다. 그래서 일반인 입장에서는 대개 접근하기가 어렵습니다.

그렇지만, 개인이 개발제한구역이자 공익용산지를 매수해서 개발사업을 한다고 하더라도 공익적 성격의 사업이라면 허용되는 것들이 있습니다. 제가 이번에 주목해본 것은 '개발제한구역의 지정 및 관리에 관한 특별조치법 시행령' 별표1제1호 아목에 규정되어 있는 시설들입니다(국가법령정보센터 참고). 이 시설들은 산지관리법 제12조제2항제2호 및 동법 시행령 제12조제2항에 의해서 허용되는 시설이기도 합니다.

개발제한구역의 지정 및 관리에 관한 특별조치법 시행령

아. 휴양림, 산림욕장, 치유의 숲, 수목원, 정원 및 유아숲체험원	가) 「산림문화·휴양에 관한 법률」에 따른 자연휴양림, 산림욕장 및 치유의 숲과 그 안에 설치하는 시설(산림욕장의 경우 체육시설은 제외한다)을 말한다. 나) 「수목원·정원의 조성 및 진흥에 관한 법률」 제2조제1호에 따른 수목원 및 같은 조 제1호의2에 따른 정원(같은 법 제4조제2호다목의 민간정원은 제외한다)과 그 안에 설치하는 시설을 말한다. 다) 「산림교육의 활성화에 관한 법률」에 따른 유아숲체험원과 그 안에 설치하는 시설을 말한다. 라) 부대시설로 설치하는 휴게음식점 및 일반음식점의 규모는 건축 연면적 200제곱미터 이하로 한다.

보시다시피 자연휴양림, 산림욕장, 치유의 숲, 수목원, 정원 및 유아

숲체험원이 허용되고 있습니다. 현대인은 스트레스를 많이 받고 있고, 유아들도 마찬가지입니다. 따라서 이러한 종류의 사업장은 앞으로 수요가 더욱 늘어날 것으로 생각됩니다. 경매 물건 주변 지역인 김포한강신도시, 검단신도시 등에 입주가 계속되고 있으니, 수요가 더욱 증가할 것으로 예상할 수 있습니다.

자연휴양림으로 만들려면 '산림문화·휴양에 관한 법률 시행령' 제13조제2항에 의해서 자연휴양림으로 지정을 받아야 합니다. 또한 동법 시행령 제7조와 별표1의4에 보면 숙박시설, 편익시설을 건축할 수 있습니다. 개별 건축물의 연면적은 900㎡ 이하, 휴게음식점 및 일반음식점의 경우 200㎡ 이하, 3층 이하로 건축할 수 있습니다.

산림욕장이나 치유의 숲으로 만들기 위해서도 '산림문화·휴양에 관한 법률 시행령'에 의해서 조성계획의 승인을 받아야 하며, 편익시설, 식물원 등의 체험교육시설 등을 설치할 수 있습니다(치유의 숲의 경우 치유시설, 편익시설 등을 전체면적의 2% 이하로, 2층 이하로 건축 가능).

수목원의 경우 '수목원·정원의 조성 및 진흥에 관한 법률'에 따르며, 온실 등의 전시시설과 관리시설, 편의시설 등을 설치할 수 있으며, 사설 수목원의 경우 면적이 2헥타르(2만㎡) 이상이어야 합니다. 그런데 자연휴양림이나 산림욕장, 치유의 숲, 수목원 등은 사람들이 많이 오게 하려면 상당히 큰 면적을 필요로 합니다. 또한 숲을 가꾸려면 매우 많은 노력이 들어갈 수밖에 없습니다. 이번 경매 물건의 경우 면적이 1만㎡ 정도이므로, 유아숲체험원으로의 이용 가능성을 검토해볼 만하겠습니다. '산림교육의 활성화에 관한 법률 시행령' 별표3에서는 유아숲체험원의 등록기준을 다음과 같이 규정하고 있습니다.

물론 도시 인근 작은 산들에는 유아숲체험장이 여러 군데 설치되어 있으나, 전문적인 유아숲체험원은 찾아보기 어려우므로 제 생각이지만, 차별화된 유아숲체험원을 만들면 인기를 얻을 것이고, 충분히 수익을 낼 수 있는 모델이 아닌가 생각됩니다(어린이집보다는 일종의 학원 개념에 더 가깝습니다). 다만, 이 경우 앞서의 기준 제1호 나목에 유의할 필요가 있는데, 그것은 유아숲체험 공간을 서측 LPG충전소(위험시설)로부터 50m 이상 떨어뜨려 설치해야 한다는 것입니다.

---

1. 유아숲체험원의 입지 조건
   가. 유아숲체험원은 숲의 식생(植生)이 다양하여야 하고, 숲의 건전성을 유지하고 있어야 한다.
   나. 유아숲체험원은 위험시설('주택건설기준 등에 관한 규정' 제9조의2제1항 각 호의 시설을 말한다)로부터 수평거리 50m 이상 떨어진 곳에 위치하여야 한다.
   다. 차량의 접근이 가능한 지역에서부터 1㎞ 이내에 위치하여야 한다.
2. 유아숲체험원의 규모 및 시설
   가. 유아숲체험원의 규모는 1만㎡ 이상이어야 한다.
   나. 유아숲체험원은 다음의 시설을 갖추어야 한다.
      1) 야외체험학습장: 숲체험, 생태놀이, 관찰학습 등을 할 수 있는 공간으로서 그 규모는 유아숲체험원 전체 규모의 30% 이상이어야 한다.
      2) 대피시설: 비, 바람 등을 피할 수 있는 시설로서 목재구조 간이시설이나 임시시설이어야 한다.
      3) 안전시설: 위험지역에는 목재로 된 안전펜스 등의 안전시설을 설치하여야 한다.
   다. 유아숲체험원에 화장실이나 의자, 탁자 등 휴게시설을 설치하는 경우에는 다음의 기준을 충족하여야 한다.

① 입지의 특성에 맞게 이용하기 편리한 구조로 되어 있을 것

② 자연친화적인 간이시설 또는 임시시설일 것

3. 유아숲체험원 운영 프로그램 및 교구 등

　가. 계절에 따라 운영할 수 있는 체험프로그램이 있어야 한다.

　나. 프로그램 운영을 위한 다양한 교구가 적정하게 준비되어 있어야 한다.

　다. 응급조치를 위한 비상약품 및 간이 의료기구와 소화기 등 비상재해 대비 기구 등을 갖추어야 한다.

4. 유아숲체험원의 운영인력

　가. 유아숲체험원의 효율적 운영을 위해 다음의 구분에 따른 인원의 유아숲지도사를 상시 배치하여야 한다.

　　1) 유아의 상시 참여인원이 25명 이하인 경우: 유아숲지도사 1명

　　2) 유아의 상시 참여인원이 26명 이상 50명 이하인 경우: 유아숲지도사 2명

　　3) 유아의 상시 참여인원이 51명 이상인 경우: 유아숲지도사 3명

　나. 유아의 안전을 위한 유아숲지도사 외에 보조교사가 선정·배치되어 있어야 한다.

5. 그 밖의 사항

　국가 또는 지방자치단체의 유아숲체험원 운영 기준 및 방법 등 그 밖에 필요한 사항은 산림청장이 따로 정할 수 있다.

1필지인데, 제1종전용주거지역 150㎡와 개발제한구역(자연녹지지역) 100㎡가 섞여 있다면 개발제한구역 부분에는 건축하지 못할까요? 이때는 '국토의 계획 및 이용에 관한 법률' 제84조를 적용해야 합니다. 즉, 각 용도지역 등에 걸치는 부분 중 가장 작은 부분의 규모가 330㎡ 이하일 때(도로변에 띠 모양으로 상업지역이 지정되어 있는 경우에는 660㎡ 이하일 때)에는 특별한 규정이 적용됩니다.

먼저, 건축 제한사항은 가장 넓은 면적이 속해 있는 용도지역 등에 관한 규정을 적용합니다. 사례 같은 경우, 전체 250㎡에 대해서 제1종전용주거지역에 건축할 수 있는 건축물을 지을 수 있습니다. 그리고 건물의 건폐율, 용적률은 가중평균해서 적용합니다. 예를 들어, 사례 지역에서 제1종전용주거지역 건폐율이 50%, 자연녹지지역은 건폐율 20%라고 해보겠습니다. 그럼 가중평균 건폐율은 다음과 같습니다.

$$50\% \times 150/250 + 20\% \times 100/250 = 38\%$$

이를 응용해볼 수도 있습니다. 열세한 용도지역과 우세한 용도지역이 걸쳐 있는 토지를 매입하고, 열세한 용도지역에 해당하는 면적을 330㎡ 이하가 되도록 토지를 분할하면 건축 조건이 유리해집니다.

이처럼 개발제한구역이라고 하더라도, 주변 지역 분석과 더불어, 대상 토지의 최유효이용방안을 검토해볼 수 있겠습니다.

토목공사로
토지 가치를 높이자

토지 위에 건물까지 지어서 팔려고 한다면 돈이 많이 듭니다. 그러므로 개발행위허가만 받아서 토목공사(성토, 절토, 옹벽쌓기 등)만 하고 팔아서 이익을 내는 것은 좋은 전략이 될 수 있습니다. 다음 페이지의 신청서상에서는 '토지 형질변경'에 해당합니다.

보다 신속하게 개발행위를 하려면, 토지를 매수하는 계약을 체결할 때 계약금만 지불한 후, 매도자의 사용승낙서를 받아 개발행위허가를 얻을 수 있습니다. 그렇게 되면 잔금을 대출받는 일도 수월해집니다(참고로, 농업법인이 아닌 법인은 농지 취득이 불가능하지만, 매도자의 사용승낙서를 받아 개발행위허가를 받으면 농지 취득이 가능합니다).

토목공사를 위해서는 토목설계를 마친 이후, 개발행위허가를 신청해야 합니다. 이때 개발행위의 목적을 기재해야 합니다. 그런데 내 토지를 사줄 사람이 전원주택을 지을 것인지 창고를 지을 것인지 불확실하죠? 그래도 걱정하지 말고 개발을 진행하면 됩니다. 당초 전원주택 건축을

■ 국토의 계획 및 이용에 관한 법률 시행규칙[별지 제5호서식] <개정 2020. 10. 19.>

개발행위(변경) 허가신청서

※ [ ]에는 해당되는 곳에 √표를 합니다.

(앞쪽)

접수번호		접수일		처리기간	15일

[ ] 공작물설치　[√] 토지형질변경　[ ] 토석채취　[ ] 토지분할　[ ] 물건적치

신청인	성명(법인명 및 대표자 성명)		생년월일(법인등록번호)	
	주소			
			(전화번호 :　　　　)	
	창업자 해당 여부: [ ] 해당　　[ ] 미해당			
	※ 신청인은 뒷쪽의 '작성방법 안내'를 확인하고, 창업자 해당 여부에 √표를 합니다.			

(변경)허가신청 사항

위치(지번)			지목	
용도지역			용도지구	

신청 내용	공작물 설치	신청면적		무게	
		공작물구조		부피	
	토지형질 변경	토지현황	경사도	토질	
			토석매장량		
		입목식재 현황	주요수종		
			입목지	무입목지	
		신청면적			
		입목벌채	수종	나무 수	그루
	토석채취	신청면적		부피	
	토지분할	종전면적		분할면적	
	물건적치	무게		부피	
		품명		평균적치량	
		적치기간	년　월　일 부터	년　월　일까지 (개월간)	

개발행위목적
　(변경사유)

사업기간	착공	년　월　일, 준공	년　월　일

「국토의 계획 및 이용에 관한 법률」 제57조제1항 및 같은 법 시행규칙 제9조에 따라 위와 같이 허가를 신청합니다.

년　월　일

신청인　　　　　　　　　　(서명 또는 인)

특별시장 · 광역시장 · 특별자치시장 · 특별자치도지사 · 시장 · 군수 귀하

출처: 국가법령정보센터

목적으로 개발행위허가 신청을 해서 토목공사를 했더라도 이후 토목공
사가 된 토지를 매수한 사람은 관계법령에 적합하다면 창고를 지을 수

도 있습니다. 단, 이 경우 건축허가를 받을 때 기존에 받았던 개발행위 허가의 내용을 바꾸어야 합니다. '개발행위허가에 따른 지위승계서(사적 계약이므로 법령에 정해진 양식은 없습니다)'를 작성해서 첨부하면 될 것입니다.

개발행위를 하기 위해서는 토목설계비에 더해, 농지의 경우 농지전 용부담금, 산지의 경우 대체산림자원조성비를 납부해야 합니다. 잡종 지 등은 부담금이 없으니 더 좋습니다. 이후 토목공사가 완료되면 개발 행위 준공검사를 받습니다. 이후 양도소득세가 중과되는 기간(2년)을 넘 겨서 다시 땅을 내놓으면 보통 1.5~2배 가격으로 팔 수 있습니다. 다만, 양도소득세에 있어서는, 투자용 나대지는 대개 비사업용 토지에 해당 하므로 양도소득세가 중과됩니다. 부동산 매매법인이라고 하더라도 비 사업용 토지에 양도소득세가 중과되는 것은 마찬가지입니다(+10%입니다. 원래 +20%로 개정될 것이라고 했지만 백지화되었습니다).

사업용 토지로 인정받기 위해서는 건축까지 염두에 두어야 합니다. 건축허가를 받고 착공신고서까지 내는 경우에 사업용 토지로 인정될 수 있기 때문입니다. 사업용 토지로 인정받기 위한 자세한 요건이 있는 데, 이에 관해서는 '소득세법' 제104조의3 및 하위 법령들을 참조하시 기 바랍니다.

그런데 개발행위에 해당되지 않는 토목공사도 있습니다. 인접 도로 대비 지대가 약 1m가 낮게 되어 있는 '답'에 1m를 성토해서 도로 대 비 동일한 높이의 '전'으로 만드는 일을 생각해보겠습니다. 이는 개발 행위에 해당하므로 허가를 받아야 할까요? '국토의 계획 및 이용에 관 한 법률 시행령' 제53조제3호나목에 보면, 높이 50cm 이내 또는 깊이

50cm 이내의 절토·성토·정지 등(포장을 제외하며, 주거지역·상업지역 및 공업지역 외의 지역에서는 지목변경을 수반하지 아니하는 경우에 한한다)을 개발행위허가를 받지 않아도 되는 경미한 행위로 규정하고 있습니다. 그래서 50cm가 넘게 성토를 하면 무조건 개발행위허가를 받아야 하는 것으로 오인할 수 있습니다.

그러나 시행령 제53조는 '국토의 계획 및 이용에 관한 법률' 제56조제4항제3호의 위임을 받은 것인데, 동법 제56조제4항은 "다음… 행위는 제1항에도 불구하고…"라고 규정하고 있으므로, 동법 제56조제1항이 우선적으로 적용된다고 할 것입니다. 그래서 동법 제56조제1항 제2호를 보면, 토지의 형질변경은 원칙적으로 개발행위허가를 받게끔 되어 있으나, "경작을 위한 경우로서 대통령령으로 정하는 토지의 형질변경은 제외"하도록 하고 있습니다. 여기서 대통령령으로 정하는 토지의 형질변경이란 "조성이 끝난 농지에서 농작물 재배, 농지의 지력 증진 및 생산성 향상을 위한 객토나 정지작업, 양수·배수시설 설치를 위한 토지의 형질변경으로서… 지목의 변경을 수반하는 경우"도 이에 해당하나, 전·답 사이의 변경은 제외한다고 규정하고 있습니다.

결론적으로 50cm가 넘게 성토를 하면서 '답'에서 '전'으로 지목변경을 하더라도 개발행위허가를 받을 필요가 없다는 것입니다. 그냥 토지소유자 임의대로 성토를 해도 됩니다. 다만, 개발제한구역에서는 '개발제한구역의 지정 및 관리에 관한 특별조치법'의 규정도 적용되는데, 동법 시행령 제14조제5호 및 동법 시행규칙 별표4의1호머목을 반대 해석하면 1년 사이의 50cm가 넘는 성토는 허가·신고 없이 할 수 없습니다. 1m가 꺼져 있는 경우 2년에 걸쳐서 성토해야 하겠습니다.

성토뿐 아니라 절토 역시 토지의 가치를 높일 수 있습니다. 다음 사례
는 유튜브 채널 '굿프렌드경매학원'의 영상에서 다뤘던 내용을 참고했
습니다.

사례 토지의 로드뷰 사진

출처: 네이버 지도 로드뷰

이 토지는 4차선 도로에 접해 있기는 하지만 옹벽이 높게 쳐져 있어
사실상 맹지입니다. 얼핏 생각할 때는 이런 옹벽을 철거한다고 생각하
기가 쉽지 않습니다. 그러나 옹벽이 만들어진 경위를 살펴보면, 도로 확
장 공사를 하는 과정에서 산을 깎으면서 옹벽을 세운 것입니다. 이 토지
의 개발행위허가를 받는다면 더 뒤쪽으로 깎아 내면서 뒤에 옹벽을 세
우면 될 것입니다. 게다가 깎아 낸 부분에 건축하면 지하로 인정받아 건
축하는 데 유리한 점도 있습니다. 앞에서 볼 때는 1층인데, 공식적으로
는 지하층으로 인정받으면, 지하층은 법정 용적률에 들어가지 않으므
로 건물을 그만큼 더 지을 수 있습니다.

물론 개발제한구역에 이런 토지가 있다면, 형질변경이 금지되니 맹
지로 볼 수도 있을 것입니다. 그러나 그렇지 않은 경우 옹벽을 철거하면

맹지에서 탈출하게 됩니다. 따라서 이런 토지의 가치를 판단할 때는 옹벽 철거가 물리적·법적으로 가능한지 검토해보아야 할 것입니다.

부가적으로, 해당 토지 주변에는 인구가 계속 유입될 것이 기대되고 있는 상황이었습니다. 고림택지개발지구, 용인국제물류단지가 예정되어 있어 해당 토지의 미래가치가 기대되는 상황입니다. 결과적으로 이 토지는 감정가의 약 170% 정도에 낙찰이 되었다고 합니다. 이처럼 토지 수요가 충분한 지역에서 성토, 절토 등 토목공사를 하면 토지 사용이 훨씬 용이해지므로 가치가 높아집니다.

공장과 창고 개발로
토지 가치를 높이자

　공장, 창고 개발 투자에 관심을 갖는 것은 지금 시기에 맞는 전략이라고 생각됩니다. 주거용 부동산보다 상대적으로 규제가 덜하고, 노력 여하에 따라 경기 변동과 상관없이 큰 시세차익을 얻을 수도 있습니다. 특히 다음의 네 가지 장점이 있습니다.

임대수익을 볼 수 있습니다

　창고와 공장의 임대수익률은 3% 정도로 일반적인 상가보다는 수익률이 낮지만, 대출이자를 방어하면서 향후 얻어지는 지가상승을 누릴 수 있습니다.

관리가 수월합니다

　주택은 이곳저곳 손봐줘야 할 것들이 많이 생깁니다. 그러나 공장이나 창고는 별다른 관리의 어려움이 없습니다. 겨울에 변기가 깨지거나 수도가 얼어붙는 것을 방지해야 하는 정도입니다.

세법상의 이익이 있습니다

건물을 지어 임대한다면 사업용 토지로 분류되어 양도소득세가 중과되지 않습니다(비사업용 토지는 10% 중과).

시세차익이 있습니다

토지 개발에 따른 차익 그리고 물가상승과 주변 발전에 따른 시세차익이 있습니다.

그러면 공장과 창고 개발에서는 특히 무엇에 유의해서 부지를 선정해야 할까요? 주변의 발전 가능성(공업단지, 고속도로 IC, 도로개설 등)을 고려해야 하고, 대형 차량이 쉽게 출입할 수 있는 도로를 갖추어야 합니다. 그리고 주변에 주택이 있으면 민원의 소지가 많으므로 주변에 주택이 없는 것이 좋습니다. 또한 공장의 경우 직원들을 쉽게 구할 수 있어야 하므로 대중교통이 편리하면 더 좋습니다.

대상 토지에 공장·창고 설립이 법적으로 타당한지 면밀하게 검토해보는 것도 필수겠지요? 1,500㎡ 이상의 공장용지 및 1만㎡ 이상의 산업단지의 경우 '산업입지정보시스템(www.industryland.or.kr)'의 온라인 '기업입지 지원서비스'를 이용해볼 수도 있습니다.

입지는 수도권 어디가 좋을까요? 서울 아파트와 비슷하게, 특히 수도권 공장의 경우, 수도권정비계획법에 따른 공장총량제에 묶여 있어 새로운 공장의 신축이 쉽지 않습니다. 각종 인허가를 받는 데 통상 1~2년이 걸린다고 합니다. 다음 규정에 의한 것입니다.

> **'수도권정비계획법' 제18조(총량규제)**
>
> ① 국토교통부장관은 공장, 학교, 그 밖에 대통령령으로 정하는 인구집중유발시설이 수도권에 지나치게 집중되지 아니하도록 하기 위해서 그 신설 또는 증설의 총 허용량(總許容量)을 정해서 이를 초과하는 신설 또는 증설을 제한할 수 있다. 이 경우 국토교통부장관은 총 허용량과 그 산출 근거를 고시하여야 한다(개정 2013. 3. 23, 2018. 6. 12).
> ② 공장에 대한 제1항의 총량규제의 내용과 방법은 대통령령으로 정하는 바에 따라 수도권정비위원회의 심의를 거쳐 결정하며, 국토교통부장관은 이를 고시하여야 한다(개정 2013. 3. 23).

이 법에 따라 국토교통부에서는 2021~2023년 수도권 공장건축 총 허용량 고시(제2021-225호)를 해서 시행했습니다.

2021년~2023년 수도권 공장건축 총허용량 고시

[시행 2021. 3. 16.] [국토교통부고시 제2021-225호, 2021. 3. 10. 제정]

국토교통부(수도권정책과), 044-201-3660

1. 공장건축 총허용량

(단위: 천 ㎡)

구 분	합계	서울특별시	인천광역시	경기도	평택시*
개별입지	2,838	9	26	2,754	49

* 「주한미군기지 이전에 따른 평택시 등의 지원 등에 관한 특별법」 제25조에 따라 별도 배정

출처: 국토교통부

경기도에서는 이 고시에 따라 배정받은 공장건축 허용량을 매년 각 시군별로 분배합니다. 다음은 2021년의 고시문 중 일부를 발췌한 것입니다.

경기도 고시 제2021-5115호

2021~2023년 공장건축 총 허용량 고시

「수도권정비계획법」 제18조 및 동법 시행령 제22조, 「주한미군기지 이전에 따른 평택시 등의 지원 등에 관한 특별법」 제25조의 규정에 따라 2021년부터 2023년까지 연도별 공장건축 총 허용량 및 2021년 시·군별 공장건축 총 허용량을 다음과 같이 결정하여 고시합니다.

2021. 7. 2.

경기도지사

3. 시·군별 배정

(단위 : m²)

	2021년 배정물량(일반물량)
총 량	1,102,000
예비량	**220,400**
배정량	881,600
화성시	276,900
포천시	111,280
파주시	104,950
김포시	80,000
안성시	51,770
남양주시	24,170
광주시	17,050
수원시	350
성남시	0
부천시	800
안양시	2,190
안산시	1,800
용인시	34,630
평택시	47,200
광명시	0

시흥시	700
군포시	4,480
이천시	44,120
하남시	0
의왕시	0
오산시	2,980
여주시	20,480
양평군	2,110
과천시	0
고양시	3,610
의정부시	0
구리시	0
양주시	43,080
동두천시	1,410
가평군	2,550
연천군	2,990

(단위 : m²)

구분	계	2021년	2022년	2023년
평택 특별물량	49,000	20,000	15,000	14,000

살펴보면 경기도 중에서는 화성시에 배정물량이 가장 많습니다. 그렇다면 창고의 신규 수요도 화성시에 가장 많지 않을까 생각됩니다. 다음으로는 포천, 파주, 김포가 있겠네요. 물론 현재 창고 공급량도 충분할 수 있기 때문에 주변 창고 임대시세는 확인할 필요가 있습니다. 수도권 시별 물류창고의 단위면적당 임대료 수준은 세빌스코리아(www.sav-ills.co.kr)에서 찾을 수 있습니다. 'insight&opinion' 메뉴의 '스포트라이트 한국 물류 마켓'에서 찾을 수 있습니다. 2021년 3분기의 자료는 다

음과 같습니다.

수도권 창고 임대료 수준

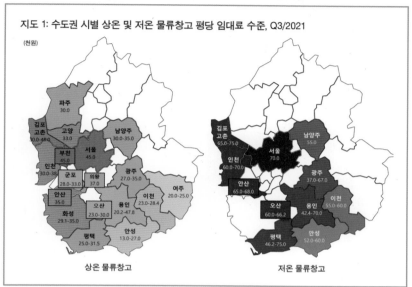

출처: 세빌스코리아

 창고 건축 사업의 수익성을 개략적으로 예를 들어보면 다음과 같습니다.

토지 가격: 3.3㎡ 당 200만 원×200평=4억 원

개발비용: 건축비 3.3㎡ 당 200만 원×160평(2층, 건폐율 30%, 용적률 80%)=3억 2,000만 원

농지전용부담금: (최대)3.3㎡당 16만 5,000원×200평=3,300만 원

각종 비용(취득세, 토목공사비, 인허가비용, 설계비용, 상수도 및 전기인입비, 현황측량비, 하수도원인자부담금, 등기비, 중개수수료, 금융비용 등): 5,000만 원~1억 원

합계: 약 8~8억 5,000만 원

임대료 수준: 평당 2.5만 원×160평=월 400만 원

이렇게만 된다면 총 8~8억 5,000만 원을 들여서 월세 400만 원도 받을 수 있습니다. 그러면 기대수익률을 4%로 보았을 때 최소한 매매 가치가(400만 원×12개월)/4%=12억 원이 됩니다. 그러면 최소한 4억 5,000~5억 원의 가치 증대가 되는 셈입니다. 수도권의 공장시설은 수도권 총량규제에 의해서 희소성이 있으니 분명 투자 가치가 있습니다.

한편, 창업기업이 공장을 건설하는 경우 농지보전부담금, 대체산림자원조성비, 개발부담금 등도 감면됩니다.

'중소기업창업 지원법' 제23조(창업기업의 부담금 면제)

① 제45조에 따라 공장 설립계획의 승인을 받은 창업기업에 대해서는 사업을 개시한 날부터 7년 동안 다음 각 호의 부담금을 면제한다.

1. '농지법' 제38조제1항에 따른 농지보전부담금
2. '초지법' 제23조제8항에 따른 대체초지조성비
3. '산지관리법' 제19조제1항에 따른 대체산림자원조성비
4. '개발이익 환수에 관한 법률' 제7조에 따른 개발부담금

혹시 토지 가격이 싼 농림지역에서도 공장이나 창고를 지을 수 있을까요? 공장·창고 임대업을 생각하고 시골지역의 토지를 살 때는 대개 녹지지역이나 관리지역의 토지를 사게 될 겁니다. 이때 자연녹지지역이나 계획관리지역에서는 대개 조례로서 공장·창고시설의 건축을 허

용하고 있습니다. 그러나 농림지역, 생산녹지지역, 보전녹지지역, 생산관리지역, 보전관리지역 등에서는 보통 공장·창고를 지을 수 없습니다. 법령 또는 조례에 의해 농림축산업을 위한 창고만을 지을 수 있습니다.

그러나 유튜브를 통해 하나의 방법을 배웠습니다. 앞서 용도지역 내에서는 용도지역별로 조금씩 다르기는 하지만 법령 또는 조례에 의해서 대개 '근린생활시설'은 건축할 수 있습니다(물론 농업진흥지역에서는 안 됩니다. 그리고 건폐율, 용적률에서는 자연녹지지역 또는 계획관리지역보다 약간 불리할 수 있습니다). 소매점이나 사무소 등이 근린생활시설에 해당합니다. 따라서 우선 근린생활시설로 허가를 받아 건축한 후, 일반 창고로 임대를 줄 수 있을 것입니다. 만약 당국에서 단속을 나와 문제를 삼는다면 어떻게 할까요? "근린생활시설로 장사를 하려고 했는데 장사가 안되네요? 그래서 그냥 창고로 쓰고 있습니다" 이렇게 답변하면 사실 당국에서도 제재를 가하기가 어려울 것입니다.

물론 도료나 유독물 등의 위험물 저장 창고나 공업용 창고로 쓰기에는 부담스럽습니다. 보전을 목적으로 한 지역에서 공업용 자재들이 주변 환경에 좋지 않은 영향을 줄 수도 있습니다. 누가 봐도 공업용이라면 문제가 될 수도 있지만, 인터넷 쇼핑몰 등을 운영하면서 공산품들의 창고로 쓰는 것이라면 별 문제가 되지는 않을 것입니다.

그러니 꼭 계획관리지역이나 자연녹지지역이 아니라도 일반 창고의 건축 및 임대가 가능하다는 점을 기억할 필요가 있습니다. 차량의 출입이 편리하다면 상대적으로 싼 가격에 좋은 토지를 구할 수도 있을 것입니다.

레미콘 1대에는 콘크리트 약 6루베(㎥)가 들어간다고 합니다. 이 사실을 알면, 콘크리트 구조로 건축할 때 콘크리트가 제대로 타설되고 있는지, 즉 콘크리트에 물을 타지는 않았는지 검증이 가능합니다. 건축 설계 시 콘크리트 타설량을 미리 알 수 있기 때문입니다.

또한, 공장부지를 개발할 때 바닥 콘크리트 타설비용을 가늠해볼 수 있기 때문에 중요합니다. 공장에 따라 다르지만, 두께 20cm 정도로 콘크리트를 타설하는데, 공장의 면적을 고려하면 콘크리트 타설량을 알 수 있고, 그에 따른 비용 역시 가늠할 수 있습니다.

어떤 공장부지의 면적이 1,000평(3,300㎡)이고, 두께 20cm로 콘크리트를 타설한다고 하면, 필요한 콘크리트의 부피는 660루베, 즉 레미콘 약 110대 분량이 되는 셈입니다. 여기서 타설공사팀 인건비를 포함해서 레미콘 1대당 비용을 계산하면, 케이스마다 다르겠지만, 1대당 대략 50~60만 원 정도 생각하면 될 것입니다. 그렇다면 레미콘 110대의 경우, 약 5,500~6,600만 원이 소요되는 셈이고, 토지 평당 대략 6만 원(약 18,000원/㎡) 정도를 생각해야 할 것입니다.

이걸 반대로 생각하면, 어떤 개발되지 않은 토지의 가격을 평가할 때 유용한 한 가지 판단 근거가 될 수 있습니다. 즉, 현재의 대지 또는 공장부지 가격에서 비용(건축허가 및 설계비용, 각종 부담금, 토목공사비용, 콘크리트 타설비용, 금융비용, 적정 개발이윤 등)을 공제하는 방식으로 평가할 수도 있는 것입니다.

묘가 있어도
개발할 수 있다

분묘가 있어도, 분묘를 적절히 이장시킬 수 있다면 개발할 수 있습니다. 분묘가 있는 토지를 매입하기에 앞서, 우선 분묘기지권이 성립하는지를 검토해야 합니다.

첫째, 토지 소유자의 허락을 얻어 분묘를 설치했거나,

둘째, 자신이 소유하던 땅에 분묘를 설치한 자가 분묘에 관해서 별도의 특약을 정하지 않고 해당 땅을 다른 사람에게 처분했거나,

셋째, 분묘를 설치하고 20년간 평온·공연하게 점유한 경우(2001. 1. 13 이후 분묘를 설치한 경우 해당 안 됨)

이 세 가지에 해당하는 경우 분묘기지권이 성립합니다. 이때는 토지 소유자라도 분묘 개장을 할 수 없습니다. 다만, 분묘기지권자라도 토지 소유자가 사용료를 청구하면 지불해야 하고, 사용료 2년 이상 연체 시에는 분묘기지권이 소멸될 수 있습니다(하지만 대개는 시골 땅에 묘지가 있으므로 현실적으로 사용료가 그리 많지는 않겠죠). 아무쪼록 분묘기지권이 있는 경우 토

지이용에 큰 제약이 있으니 조심해야 합니다. 그렇다면 분묘기지권이 없는 경우에는 분묘를 어떻게 처리할 수 있을까요?

유연분묘 처리 방법

▶ **Step 1** 최소 3개월 전에 분묘 설치자 또는 연고자에게 통지

관련 법령 – '장사 등에 관한 법률' 제27조

① 토지 소유자(점유자나 그 밖의 관리인을 포함한다. 이하 이 조에서 같다), 묘지 설치자 또는 연고자는 다음 각 호의 어느 하나에 해당하는 분묘에 대해서 보건복지부령으로 정하는 바에 따라 그 분묘를 관할하는 시장 등의 허가를 받아 분묘에 매장된 시신 또는 유골을 개장할 수 있다(개정 2015. 1. 28).
1. 토지 소유자의 승낙 없이 해당 토지에 설치한 분묘
2. 묘지 설치자 또는 연고자의 승낙 없이 해당 묘지에 설치한 분묘
② 토지 소유자, 묘지 설치자 또는 연고자는 제1항에 따른 개장을 하려면 미리 3개월 이상의 기간을 정해서 그 뜻을 해당 분묘의 설치자 또는 연고자에게 알려야 한다(후략).
③ 제1항 각 호의 어느 하나에 해당하는 분묘의 연고자는 해당 토지 소유자, 묘지 설치자 또는 연고자에게 토지 사용권이나 그 밖에 분묘의 보존을 위한 권리를 주장할 수 없다.
④ 토지 소유자 또는 자연장지 조성자의 승낙 없이 다른 사람 소유의 토지 또는 자연장지에 자연장을 한 자 또는 그 연고자는 당해 토지 소유자 또는 자연장지 조성자에 대해서 토지사용권이나 그 밖에 자연장의 보존을 위한 권리를 주장할 수 없다.

'장사 등에 관한 법률' 시행규칙 제18조제4항제1호에 따라 다음 사항을 문서로 표시해서 분묘의 연고자에게 알립니다.

　가. 묘지 또는 분묘의 위치 및 장소

　나. 개장 사유, 개장 후 안치 장소 및 기간

　다. 공설묘지 또는 사설묘지 설치자의 성명·주소 및 연락 방법

　라. 그 밖에 개장에 필요한 사항

Step 2 개장 허가 신청

'장사 등에 관한 법률' 시행규칙 제18조제1항

① 법 제27조제1항에 따라 토지 소유자(점유자나 그 밖의 관리인을 포함한다. 이하 이 조에서 같다), 묘지 설치자 또는 연고자는 매장된 시신이나 유골을 개장하려는 경우에는 별지 제3호서식의 개장 허가신청서에 다음 각 호의 서류를 첨부해서 관할 시장 등에게 신청하여야 한다. 이 경우 시장 등이 '전자정부법' 제36조제1항에 따른 행정정보의 공동이용을 통해서 첨부서류에 대한 정보를 확인할 수 있는 경우에는 그 확인으로 첨부서류를 갈음한다(개정 2010. 9. 1, 2015. 7. 20).

1. 기존 분묘의 사진

2. 분묘의 연고자를 알지 못하는 사유

3. 묘지 또는 토지가 개장 허가신청인의 소유임을 증명하는 서류

4. '부동산등기법' 등 관계 법령에 따라 해당 토지 등의 사용에 관해서 해당 분묘 연고자의 권리가 없음을 증명하는 서류

5. 제4항에 따른 통보문 또는 공고문

개장 허가

이상이 없을 때에는 3일 이내에 허가서를 발급하게 됩니다.

개장 및 봉안

개장 후 화장을 해서 10년간 봉인해야 합니다. 봉안기간 이후에는 유골을 뿌릴 수 있는 시설에 뿌리거나 자연 장을 해야 합니다.

무연분묘 처리 방법

분묘 조사

분묘의 위치와 개수를 파악합니다.

개장 공고

'장사 등에 관한 법률' 제27조제2항

② 토지 소유자…는 제1항에 따른 개장을 하려면 미리 3개월 이상의 기간을 정해서 그 뜻을 해당 분묘의 설치자 또는 연고자에게 알려야 한다. 다만, 해당 분묘의 연고자를 알 수 없으면 그 뜻을 공고하여야 하며, 공고 기간 종료 후에도 분묘의 연고자를 알 수 없는 경우에는 화장한 후에 유골을 일정 기간 봉안했다가 처리하여야 하고, 이 사실을 관할 시장 등에게 신고하여야 한다 (개정 2015. 1. 28).

'장사 등에 관한 법률' 시행규칙 제18조제4항에 따라 분묘의 연고자를 알 수 없는 경우에는 다음 각 목의 어느 하나의 방법으로 묘지·분묘

의 위치, 장소, 개장 사유, 개장 후 안치 장소 및 기간, 묘지 설치자의 성명, 주소 및 연락 방법 등을 2회 이상 공고하되, 두 번째 공고는 첫 번째 공고일로부터 40일이 지난 후에 다시 해야 합니다.

가. 둘 이상의 일간신문(중앙일간신문이 하나 이상 포함되어야 한다)에 공고하는 방법

나. 관할 시·도 또는 시·군·구 인터넷 홈페이지와 하나 이상의 일간신문에 공고하는 방법

Step 3 개장 허가 신청

3개월의 공고기간이 끝난 후, 앞에서(유연분묘 부분에서) 언급한 '장사 등에 관한 법률' 시행규칙 제18조제1항에 따릅니다.

Step 4 개장 허가

이상이 없을 때에는 3일 이내에 허가서를 발급하게 됩니다.

Step 5 개장 및 봉안

무연분묘는 개장 후 화장을 해서 10년간 봉인해야 합니다. 봉안기간 이후에는 유골을 뿌릴 수 있는 시설에 뿌리거나 자연 장을 해야 합니다 (만약 처리가 곤란한 분묘가 있는데 토지의 끝 부분에 위치해 있다면 나무 등으로 가리는 방법도 생각해볼 만합니다).

전원주택 건축을 하고 싶다면
이런 곳을 찾아야 한다

　부동산 개발이라고 하면 흔히 시골 땅에 집 짓는 일을 떠올릴지 모릅니다. 실제로 전원주택 건축은 주변에서 흔히 볼 수 있습니다. 건축 과정도 유튜브에서 생생하게 볼 수 있는 것들이 많습니다. 하지만 투자적인(돈 버는) 관점에서 볼 때, 주거 기능만 하는 전원주택 건축은 좋은 선택이 아닙니다. 전원주택은 토지 가격은 그리 많이 오르지 않는 데다, 도심 단독주택에 비해 감가상각이 빨리 이루어지기 때문이죠. 그래서 그저 평범한 전원주택 1채를 짓는 일만으로는 토지 개발의 이익이 발생한다고 하더라도 몇 년 못 가서 원가에도 팔기 어려워질 수 있습니다. 하지만 전원주택 개발 시 유의해야 할 점들을 알아둔다면 다른 건축에도 도움이 되니 전원주택 건축 시 소요되는 비용에 대해 알아보도록 하겠습니다.

　먼저, 주택 개발에는 당연히 주택 건축비가 들어가겠죠? 거기에 다음의 비용들도 고려해야 합니다. 꼭 주택 개발이 아니고 다른 종류의 개발에서도 기본적으로 염두에 두어야 할 사항들이니 살펴보시기 바랍니다.

철거비, 토목공사비

기존 노후 건물을 철거하려면 연면적을 기준으로 3.3㎡당 약 50만 원 정도의 철거비를 생각해야 합니다. 또한 건물을 짓기 위해서는 해당 토지를 평탄하게 만들고, 경사지를 깎아 냈다면 옹벽도 설치하는, 토목공사가 필수적입니다. 토목공사비는 완경사지의 경우 3.3㎡당 약 30만 원 정도 하는 것으로 알려져 있습니다. 평지에 가까울수록 토목공사비가 줄어들겠지요.

농지전용부담금, 산지전용부담금(대체산림자원조성비)

농지나 산지를 개발하려면 원칙적으로 '농지법'이나 '산지관리법'에 의한 농지전용부담금 또는 산지전용부담금(대체산림자원조성비)을 부담해야 합니다. 농지전용부담금은 개발(전용)면적에 해당하는 만큼 내야 하는데, 1㎡당 5만 원을 상한선으로 하고, 개별공시지가의 30%를 부담하도록 되어 있습니다. 산지전용부담금은 매년 산림청장이 고시하는 '대체산림자원조성비 부과기준'에 의하도록 하고 있으며, '산지전용(일시사용)허가면적×(단위면적당 금액+해당 산지 개별공시지가의 1%)' 만큼 부담하도록 되어 있습니다. 여기서 단위면적당 금액은 2022년의 경우 준보전산지는 6,790원/㎡, 보전산지는 8,820원/㎡(준보전산지의 130%), 산지전용제한지역은 13,580원/㎡(준보전산지의 200%) 로 고시되어 있습니다.

개발부담금

주로 대규모 개발사업에 대해서, 건물 준공 후 1년 이내에 납부해야 하는 부담금으로, '개발이익 환수에 관한 법률'에 의한 것입니다. 동법 시행령 제4조제1항 각 호에 보면 개발부담금 부과대상 사업의 규모는 다음과 같습니다.

1. 특별시·광역시 또는 특별자치시의 지역 중 도시지역인 지역에서 시행하는 사업(제3호의 사업은 제외한다)의 경우 660㎡ 이상
2. 제1호 외의 도시지역인 지역에서 시행하는 사업(제3호의 사업은 제외한다)의 경우 990㎡ 이상
3. 도시지역 중 개발제한구역에서 그 구역의 지정 당시부터 토지를 소유한 자가 그 토지에 대해서 시행하는 사업의 경우 1,650㎡ 이상
4. 도시지역 외의 지역에서 시행하는 사업의 경우 1,650㎡ 이상

개발부담금은 개발 후 토지 가격에서 개발 전 토지 가격과 개발비용, 개발기간 동안의 정상지가상승분을 차감해서 개발이익을 산출하고, 거기에 일정 비율을 곱해서 산정하게 됩니다.

상수도 인입비용

해당 토지에 상수도를 인입하려면 상수도 인입비용을 생각해야 합니다. 앞 도로에 상수도관이 지나간다면 지하수 개발을 하지 않아도 되고, 상수도 연결공사와 계량기 설치공사, 건물 내 인입공사를 시행해야 합니다. 이 경우 보통 200만 원 정도로 생각하면 된다고 합니다. 그런데

앞 도로에 상수도관이 지나가지 않을 경우 지하수개발(관정개발)을 해야 하는데, 지하수개발 업체에 의뢰하면 굴착기계로 진행합니다. 굴착 깊이에 따라 약 30m 내외(소공), 약 80m 내외(중공), 약 100m 이상(대공)으로 구분됩니다. 소공과 중공은 식수 사용이 불가능한 경우가 많아 대부분 대공으로 지하수 개발을 합니다. 대공개발의 경우 보통 1,000만 원 내외를 생각하면 될 것입니다.

오·폐수관 및 정화조

'하수도법' 제34조에 의거 오수를 배출하는 건물·시설 등을 설치하는 자는 개인하수처리시설을 설치하는 것이 원칙입니다. 단, 공공하수처리시설에 오수를 유입해서 처리하는 경우는 예외가 됩니다. 도시의 경우 대개 하수종말처리시설로 연결되는 관로까지 라인을 연결해야 하는데 그 비용은 약 100만 원 정도로 생각하면 됩니다. 관로가 없다면 정화조를 설치해야 하는데 건물용도, 면적에 따라 설치기준이 다릅니다. 보통 전원주택의 경우 200~300만 원 내외를 생각하면 된다고 합니다. 자세한 설치기준은 '하수도법 시행령' 제24조(개인하수처리시설의 설치), 환경부 고시 '건축물의 용도별 오수발생량 및 정화조 처리대상인원 산정방법' 등에서 볼 수 있습니다.

전기 인입비용

200m 이내에 전신주가 있다면 전기 인입비용은 약 15만 원, 보증 예치금은 약 20만 원 정도 발생됩니다. 전신주에서 건물까지 전기배선 설계 및 계량기 부착은 전기공사업체에 의뢰해 할 수 있습니다. 총 100만

원 정도 생각해야 합니다. 만약 지중으로 선을 매립하고자 한다면 지중 인입 시공비를 더 부담해야 합니다.

가스

토지 앞 도로까지 도시가스 배관이 들어와 있다면 120만 원 정도에 인입이 가능하며, 연결 거리가 길어지면 비용이 추가됩니다. 도시가스를 연결할 수 없다면 LPG가스통을 이용해야 할 것입니다. 가스 업체에 의뢰해서 시공할 수 있습니다.

우수관 및 집수정

비가 오면 빗물이 잘 빠지도록 만들어야 합니다. 따라서 건물 둘레에 우수관을 설치하고 집수정(集水井)을 배치해야 하는데, 330㎡ 대지에 집을 지을 경우 보통 200~300만 원 정도가 소요된다고 합니다.

마당, 담장, 대문

잔디 등은 3.3㎡당 약 5~10만 원 내외를 생각하면 될 것입니다. 담장은 1m당 10만 원 내외로, 전원주택 대문의 경우 250~500만 원 정도를 생각해야 합니다.

이렇듯 신경 쓸 것들이 많지만, 별 보람도 없이 전원주택의 토지 가격 상승은 미미하고 건물 감가도 빠릅니다. 그러니 전원주택은 실수요 위주로 접근하시길 추천드립니다. 꼭 전원주택 건축을 하셔야겠다면 너무 개성 넘치는 건물은 짓지 마시기 바랍니다. 사줄 사람이 없습니다. 무난한 평면으로(모듈러주택 등으로) 하시길 추천드립니다. 그렇게 하면 건축비도 절감됩니다. 그리고 이왕이면 다음 경매 사례처럼 지가상승이 예상되는 지역에, 상업적 잠재가치가 있는 토지에 하시기를 추천드립니다.

경매 사례

2021타경 ▮▮▮	의정부지법 고양지원	관할법원안내	매물목록보기 ›			
매각기일 : 2022.05.18 (오전 10:00)	담당계 : 경매 2계(031-920-6312)			조회수 오늘 1 / 전체 5778 (평균:0)		조회동향보기

소재지	경기도 파주시 ▮▮ 46-59,	지도보기				
물건종별	대지	매각물건	토지 매각	감정가	374,028,000원	소유자	이****
건물면적		사건접수	2021.09.01(신법적용)	최저가	(49%) 183,274,000원	채무자	이****
토지면적	439㎡	입찰방법	기일입찰	보증금	(10%) 18,327,400원	채권자	신****

매각 기일내역	구분	매각기일	최저매각가격	결과	낙찰 **********원 (***.**%)
	1차	2022.03.10	374,028,000원	유찰	매각결정기일 : 2022.05.25 / 매각허가결정
	2차	2022.04.13	261,820,000원	유찰	대금지급기한 : 2022.07.01
	3차	**2022.05.18**	**183,274,000원**		대금납부 2022.07.01 / 배당기일 2022.08.10

사진	

출처: 네이버 부동산 경매

광화문까지 차로 약 40분 거리인 대지로서, 토지 감정가가 3.3㎡당 280만 원 정도로 나와 있습니다. 네이버 로드뷰로 보면 다음과 같습니다.

경매 사례 토지 로드뷰 사진

출처: 네이버 지도 로드뷰

토지 입구 좌측에는 전신주가 있어서 조금 마음에 걸리기는 하지만, 이 동네 집들 옆에는 전신주들이 있는 경우가 많습니다. 또한 이 전신주는 나무들로 일부 가려져 있습니다. 정 껄끄럽다면 자기 부담으로 이설 요청을 하면 될 것입니다. 로드뷰로 볼 때 전신주가 전압기 등 특수설비가 설치된 것이 아닌 일반적인 전신주이므로 이전비는 수백만 원 정도면 될 것이라고 생각됩니다(특수 전신주의 경우 2,000만 원 정도까지도 소요된다고 합니다). 네이버 로드뷰로 볼 때, 부지에서 보는 남동측 전망은 이렇습니다. 앞을 가로막는 것이 없어 좋아 보이네요.

부지에서 보는 남동측 전망

출처: 네이버 지도 로드뷰

부지 남측의 밭은 지대가 약간 낮아서 만약 건물이 들어선다고 하더라도 별 불편함은 없어 보입니다. 근처에는 광화문역까지 광역버스가 다니는 버스정류장이 있고, 자동차로 이동한다면 서울문산고속도로를 이용해서 광화문까지 약 40분 거리입니다. 이 정도면 서울 접근성이 괜찮다고 볼 수 있죠.

자동차로 사례 토지에서 광화문까지의 소요시간

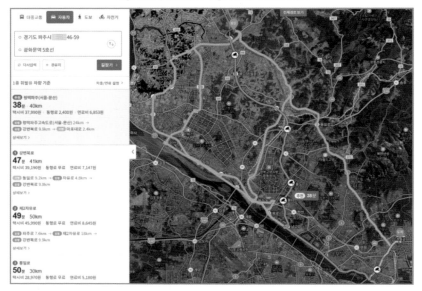

  땅 크기가 꽤 크기 때문에, 두 명이 공동으로 매입해서 건축을 해도 괜찮을 것 같습니다. 또한 용도지역이 제1종일반주거지역이므로, 카페를 만드는 데도 지장이 없습니다. 물론 카페로서 유리한 자리가 아닌 건 맞습니다. 하지만 요즘은 인스타그램 감성으로 잘 꾸며놓고 맛이 좋은 곳이라면 손님들이 인터넷으로 찾아서 방문합니다. 마을 끝 부분에 위치해서 한적하고 아늑한 맛이 있으니 카페 활용도 그리 나쁘지는 않다고 봅니다. 또한 주변에는 재개발이 진행되고 있는 파주 금촌동, 그리고 조성 중인 운정신도시가 있습니다. 인구 증가가 예상되는 지역이라고 할 수 있습니다. 그리고 GTX도 들어올 예정이니 그 영향으로 지가 상승이 있을 것이라고 봅니다.

사례 토지 주변 개발계획

출처: 네이버 지도 지적편집도

그럼 이제 경매 사례 토지의 가치를 판단해볼까요? 우선 주변 거래 사례를 살펴봅니다. 밸류맵이나 디스코 등을 찾아볼 수 있습니다. 밸류맵에 있는 마을 내 단독주택의 거래 사례 두 개를 조회해보았습니다.

주변 거래 사례

출처: 밸류맵

지번	거래가액(원)	건물면적(㎡)	사용승인일	건물단가(원/㎡)	토지단가(원/㎡)
46-35	152,000,000	127.08	1989.09.07	300,000	약 660,000 내외
46-1	405,000,000	408.9	2000.05.31	600,000	약 660,000 내외

　이런 식으로 토지와 건물 일체로 거래된 사례에서 건물 가격을 공제해서 토지 가격을 추산합니다. 대상 토지의 경우, 사례 토지들에 비해 다소 외진 곳에 있고 면적이 좀 더 큰 점 등을 감안해야 합니다. 그러나 사례에 비해 장점도 있습니다. 대상 토지는 마을 안의 일반적인 주택지가 아니고, 다소 호젓한 분위기를 연출할 수 있는, 전원주택지 또는 특색 있는 카페에 적격인 토지로 볼 수 있습니다. 따라서 사례 토지들과의 가치는 그리 큰 차이가 나 보이지는 않습니다. 이 토지 바로 옆에 단독주택이 있고, 지적상 도로 및 현황 도로에 접해 있으므로 상하수도 연결 및 건축허가를 받는 데도 별 문제는 없어 보입니다. 그러면 경매 사례 토지의 가격 수준은 3.3㎡당 약 200~250만 원 정도로 판단할 수 있겠습니다.

　건물의 감가가 빠르기 때문에, 보통 시골 전원주택지 디벨로퍼들은 다음과 같은 식으로 개발을 진행할 것입니다. 주변 임야 1만㎡를 3.3㎡당 60만 원(18억 원)에 구입해서, 40%를 도로 등으로 제하고 6,000㎡를 단독주택지로 분양합니다. 땅을 분양하는 것이지, 건물까지 지은 후 분양하지는 않습니다(물론 주문사항에 따라 건축비를 받고 건물을 지어 주기도 합니다). 200㎡씩 30 가구에게 1억 4,000만 원 정도씩에 분양합니다. 그러면 총 수입은 42억 원입니다. 건축비 외의 개발비용은 대지 면적 기준 3.3㎡당 40만 원(7.2억 원), 개발부담금이 3.3㎡당 15만 원(4.5억 원)이라고 가정해봅시다. 약 12억 원의 이윤이 남는 셈입니다. 이와 같이 개발하는 일은 대부분의 초보자들에게는 해당되지 않습니다(그래도 개발자들이 어떤 식으로 하는지 대강 알아둘 필요는 있을 것입니다).

개인들은 소규모 전원주택 개발을 한다면, 큰 이득보다는 개발업자들의 이윤 상당액 정도만큼은 싸게 건축을 할 수 있다는 바람으로 해야 할 것입니다. 그리고 이왕이면 미래가치가 있는 지역에 하는 것이 좋을 것입니다. 또한 일반적인 전원주택보다는 상업적 가치가 있는 부동산으로 개발할 수 있는지 검토해보시기 바랍니다. 일반적인 전원주택이 최선이라면 모듈러주택 등 저렴하고 표준적인 평면의 주택을 짓는 것이 맞을 것입니다.

주유소를 어떻게
리모델링할까

경매에 나왔던 한 주유소를 가지고 설명드리겠습니다. 결론적으로 주유소보다는 스타벅스 드라이브스루(DT)를 하면 잘될 자리일 것 같습니다.

경매 사례

출처: 네이버 부동산 경매

경매 물건의 광역위치도

출처: 네이버 지도

　주유소가 경매에 나온 것은 대개 영업이 잘되지 않아서입니다. 왜 영업이 잘되지 않았는지 지도를 보며 생각해보겠습니다. 해당 물건이 속한 지역은 파주 운정신도시와 일산신도시 사이입니다. 두 도시를 잇는 4차선 도로변에 위치하고 있습니다. 파주 운정신도시는 계속 인구 유입이 되고 있는 곳입니다. 특히 운정신도시의 남동측에 위치한 운정3지구는 GTX-A 예정역이 있는 곳이기도 합니다. 그래서 대상 토지를 지나는 도로는 통행량도 더 늘어날 것으로 보이고, 계속적인 지가상승이 예상되는 곳입니다. 그러나 대상물건을 주유소로 계속 운영하기는 어려울 것으로 보입니다.

출처: 네이버 지도

경매 물건 주변의 로드뷰 사진

출처: 네이버 지도

대상 주유소 바로 남측에 GS주유소가 소재하는데, 강력한 경쟁상대가 되고 있는 것으로 보입니다. 자동차가 남측에서 북측으로 이동하다가 GS주유소를 발견하면 이런 모습일 것입니다. 도로의 모양이 약간 굽어 있어서, 자동차 안에서 보면 GS주유소밖에는 보이지 않습니다. 도로의 모습이 직선이었다면, 대상 주유소도 같이 보이기는 할 테니 그나마 경쟁이 될 만하지만, 이래서는 경쟁에서 이기기가 어려워 보입니다. 그나마 곡선 주로에서 벗어나자마자 주유소가 있는 것이 아니라, 곡선 끝 부분에서 약 50m를 더 가서 주유소가 있기 때문에 가시성이 그나마 확보되어 있습니다. 자동차를 타고 가다가

미처 못 들어가는 정도는 아니라는 이야기입니다. 그러니까 고급 음식점이나 스타벅스DT 같은 것은 하기 괜찮아 보입니다.

덕이동 스타벅스 검색결과

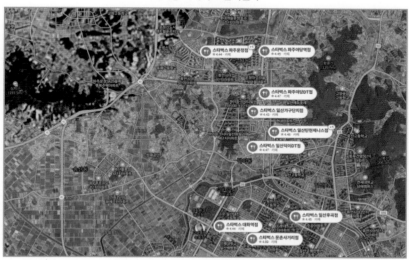

출처: 네이버 지도

'덕이동 스타벅스'라고 지도에 검색해보니, 대상물건이 접한 도로변에는 아직 스타벅스 DT가 없다는 것을 알 수 있습니다. 해당 도로에 교통량이 꾸준하고, 운정신도시 3지구 및 GTX 정차역이 개발되는 경우 수요가 더 늘어날 것으로도 예상됩니다. 물론 스타벅스 말고도 생각해볼 만한 시설은 있습니다. 집에 보관하기 곤란한 개인물품을 보관해주는 창고, 공간대여업 등도 생각해볼 만합니다. 이제 문제는 대상 주유소의 주유 시설을 철거하고, 토양오염이 있는 경우 토양정화를 실시해야 한다는 것입니다. 경매 참가자로서는 대상 주유소 밑에 있는 토양이 얼마나 오염되었는지 어떻게 알 수 있을까요? '토양환경보전법 시행령'

제8조제1항(일부)은 다음과 같이 규정하고 있습니다.

제8조(특정토양오염관리대상시설의 토양오염검사)

① 특정토양오염관리대상시설(주유소 등)의 설치자는 다음 각 호의 구분에 따라 정기적으로 법 제13조제1항에 따른 토양오염검사를 받아야 한다. 다만, 제1호에 따른 토양오염도검사와 제2호에 따른 누출검사를 받아야 하는 연도가 같을 경우에는 토양오염도검사를 다음 연도에 받을 수 있다(개정 2011. 9. 30).
1. 매년 1회 환경부령으로 정하는 때에 토양관련전문기관으로부터 토양오염도검사를 받을 것. 다만, 제7조에 따른 토양오염방지시설을 설치하고 적정하게 유지·관리하고 있는 경우에는 환경부령으로 정하는 기준에 따라 검사주기를 5년의 범위에서 조정할 수 있다.

또한 '토양환경보전법 시행규칙' 제12조제1항제1호 및 별표4에 의하면 석유류 저장시설(주유소)의 경우 완공검사를 받아 사용승인이 된 날로부터 5년, 10년, 15년이 되었을 때 토양오염도 검사를 받도록 하고 있습니다. 그리고 동 규칙 제16조에 의하면 검사 결과는 해당 주유소 설치자와 관할 시장·군수·구청장 등에게 통보하고, 주유소 설치자는 검사결과를 5년간 보존해야 할 의무가 있습니다.

이 주유소 건물은 2007년 11월 19일에 사용승인이 되었습니다. 그러므로 아마 5년 후인 2012년과 10년 후인 2017년에 검사를 실시했을 것으로 생각됩니다. 그리고 그 결과에 대해서 해당 주유소와 관할 지방자치단체에 통보가 되었을 것입니다. 그러니까, 현장 조사 시 토양오염도 검사 결과를 알아볼 필요가 있을 것입니다. 주유소에서 직접 조사가 어렵다면 관할 지방자치단체에 방문하거나 정보공개 청구(www.open.go.kr)를 신청해서 알아볼 수도 있을 것입니다.

검사 결과를 열람하면 그에 따라 주유소 철거 및 필요 시 토양오염복원공사를 하는 업체에 견적을 의뢰해서 예상 비용을 알아볼 수 있습니다. 특별히 오염이 많이 되지 않은 경우, 일반적으로 주유소 철거는 약 1억 원 내외 정도면 가능한 것으로 알고 있습니다.

주유소 철거는 어떻게 하는지 찾아보다 보니 한 블로그에서 관련 사진을 많이 올려놓은 것을 볼 수 있었습니다. 토양오염복원을 위해서는 이런 식으로 흙을 싹 다 파내고 다시 새로운 흙을 메우는 작업을 하게 됩니다.

주유소 토양 오염 복원장면

출처: 네이버 블로그 '대벌종합건설 환경'

다시 본건 주유소 이야기로 돌아와 마무리해보겠습니다. 대상 주유소 건물은 2007년 11월 19일에 사용승인이 되었는데, 남측의 경쟁상대인 GS주유소 건물은 2008년 8월 2일에 사용승인이 되었네요! 대상 주유소 소유자로서는 참 애석한 일입니다. 개업을 하자마자 강력한 경쟁상대가 들어와버렸으니 말이죠. 역시 사업을 할 때에는 경쟁상대가 들어올 가능성도 예상해야겠습니다. 남들이 쉽게 접근하지 못하는 무엇인가를 경쟁 무기로 갖출 필요가 있다고 봅니다.

3장

차별화된 도심 주택 건축으로
토지 가치를 높이자

건축은 생각보다
쉬운 일일 수 있다

　앞서 2장에서는 빈 땅을 개발하는 일에 대해 언급했습니다. 물론 시골의 빈 땅을 토목공사를 하거나 창고나 공장, 때로는 숙박시설이나 카페 등으로 개발하는 것도 큰 이윤을 낼 수 있습니다. 하지만 주택이나 빌딩의 경우 대개 시골보다는 도심에 개발해야 합니다. 그래서 낡은 주택이나 낡은 빌딩들을 눈여겨보아야 합니다. 그리고 그것을 어떻게 리뉴얼(철거하고 신축하는 일 포함)해서 가치를 높일 것인지 생각해야 합니다.

내 건물을 만드는 일에 관심을 가지자

　김윤수 저자의 《빌사남이 알려주는 꼬마빌딩 실전 투자 가이드》에는 "무슨 일이든 직접 관심을 가지고 적극적으로 달려들지 않으면 아무 일도 일어나지 않는다. 빌딩 투자는 큰 목돈이 들어간다고 생각해 남의 일로만 넘겨버리면 결코 건물주가 될 수 없다. 지금까지 길을 걸으며 아무 생각 없이 봤던 상권이나 건물들을 관심 있게 보면서 건물주의 꿈을 가지기 바란다. 지금 당장은 자금과 정보가 부족해도 계속 관심을 가지고 도전한다면 머지않아 건물주가 될 수 있다"고 말합니다.

맞습니다. 소득이 높다고 해도, 자본금이 많다고 해도, 경쟁력을 갖춘 건물주가 되어 시세차익과 임대수익을 동시에 누리는 것은 꿈꾸는 자만이 가능할 것입니다(물론 건물을 짓기 위한 어느 정도의 자본금도 모아두고, 대출을 많이 받으려면 나의 소득과 신용도를 높여두는 것은 당연한 일이겠지요). 아름다운 건물, 인스타그램에 올릴 사진으로 찍힐 만한 나만의 건물을 생각해보아야 합니다. 하지만 건물을 짓는 일은 매우 힘든 일입니다. 건물을 짓고 나면 10년 늙는다는 말이 있는데, 오죽 힘들면 이런 말이 나왔을까요? 그러나 반대로 생각하면 건물주가 되는 방법을 제대로 익힌다면 부자가 되는 길을 10년 단축할 수도 있는 것입니다.

어떤 건물을 만들고 싶은지 그림을 그리자

그럼 지금부터 어떻게 시작할 수 있을까요? 자신의 생각을 그림으로 그려보는 일부터 시작할 수 있습니다. 그림을 많이 그려볼수록 자신이 어떤 건물을 만들고 싶은지에 대한 윤곽이 더 선명하게 드러납니다.

또한 경쟁력 있는 건물을 만들려면, 사람들을 모을 수 있는 콘텐츠가 필요합니다. 그러기 위해서는 아이디어가 필요하고, 공간에 대한 다양한 경험이 필요할 것입니다. 유명한 장소는 다양하게 많이 찾아가 보고, 무엇이 매력 포인트인지 분석합니다. 지나가다가 자신이 짓고 싶은 건물과 비슷하고, 마음에 드는 건물을 본다면 그 시공사가 어딘지 알아볼 수 있습니다. 건물에 명판이 있는 경우도 있고, 그렇지 않더라도 건물주를 통해 소개받아도 좋습니다. 또한 건축물대장에는 해당 건물의 설계자, 시공자, 감리자가 누구인지 기재되어 있으므로 이를 참고할 수도 있습니다.

건물의 외관뿐 아니라, 실내환경을 어떻게 만들 것인가에 관한 그림도 그려보면 좋습니다. "우리가 건물을 만들지만, 그 건물이 우리를 만든다"는 윈스턴 처칠(Winston Churchill)의 명언도 있습니다. 우리는 대부분의 시간을 건물 안에서 보냅니다. 건축물 안에 있는 사람들은 그 안에서 좋은 기분을 가질 때 비로소 그 건물이 아름답다고 느낍니다. 따라서 건물을 지으려고 할 때, 단순히 상업적으로만 생각할 것이 아니라, 사람의 인생에도 영향을 미친다는 점을 염두에 두고 계획해야 합니다. 건물의 외관보다는 실내환경이 더 중요하다는 것이죠.

빌딩 매입은 대개 자본이 더 많이 필요하므로, 예를 들어 낡은 단독주택을 철거하고 다중주택을 건축한다고 생각해보겠습니다. 그냥 '무난하게' 건축한다고 하면 남들 다 쓰는 평면도를 가져다 그대로 건축할 수도 있을 겁니다. 하지만 천편일률적인 공간배치를 내 건물에 그대로 적용할 필요는 없습니다. 경쟁력 있는 건물을 지으려면, 내 건물을 사용할 사람들에게 특화된 건물을 지을 필요가 있습니다. 아파트는 수직적 공간을 만들기가 불가능하지만, 내 건물에서는 수직적 공간의 변화도 생각해볼 수 있습니다. 때에 따라서는 창의성과 상상력이 풍부한 건축사의 도움을 받을 수도 있습니다. 이러한 아이디어를 얻으려면 다양한 책을 보거나 인테리어 관련 유튜브에서 영감을 얻을 수 있습니다. 이케아에 가보는 것도 괜찮은 방법입니다. 틈날 때마다 예쁜 인테리어들도 보면서 힐링할 수 있습니다. 사진도 찍어두고, 기록해두는 것도 좋습니다.

다중주택 건축을 하기 위해 오래된 주택을 매입하면 취득세가 중과되는가?

조정대상지역에서는 2주택을 취득하면 취득세가 8%입니다. 3주택을 취득하거나, 법인으로서 주택을 취득하면 취득세가 무려 12%입니다. 하지만 이것 때문에 오래된 주택을 취득하지 못해서 건물주가 되지 못한다면 매우 안타까운 일일 것입니다. 그래서 편법으로 주택 거주자를 내보내고 멸실 후 토지만을 취득하는 방법 등을 사용하는 경우도 있었습니다. 그러나 이제 그럴 필요가 없습니다. 2021년 4월 27일 '지방세법 시행령' 제28조의2제8호나목-6이 개정되었습니다. 주택신축판매업(주거용 건물 개발 및 공급업, 주거용 건물 건설업)을 영위할 목적으로 사업자등록을 한 자가 1년 이내에 주택을 멸실시키고 3년 이내에 주택을 신축해서 판매하는 경우에는 취득세 중과세가 되지 않는 것으로 바뀌었습니다.

자기자본이 적은데 건축이 가능할까?

자기 자본이 거의 없어도, 땅을 취득했다면 내 건물을 지을 수 있습니다(물론 소득이 받쳐줘야 가능할 것입니다). 시설자금대출, P2P대출을 이용할 수 있고, 나머지는 시공사에 외상으로 하는 것입니다. 즉, 건물을 다 지어서 임차인 보증금을 받아서 주겠다고 하고 진행할 수 있습니다. 그런 시공사를 만나면 됩니다.

보통 P2P대출이라고 하면 금리가 너무 높지 않을까 걱정될 수 있습니다. 그러나 생각만큼 높지는 않습니다. P2P대출의 금리가 12%라면, 10억 원의 경우 공사기간이 6개월일 때 이자만 6,000만 원입니다. 후덜덜한 금액입니다. 그러나 많은 경우 P2P대출에서는 캐피탈콜(Capital Call)이라고 해서, 공정률에 따라 투자금을 1차, 2차, 3차로 모집해서 공사비를 지급하는 방식을 취합니다. 예를 들어 대출의 금리가 12%이고, 공사금액이 10억 원이라고 해보겠습니다. 그리고 공정은 6개월이고, 2개월마다 3억/3억/4억 이렇게 자금이 조달된다고 해보겠습니다. 그러면 이자비용은 '3억 원에 대한 6개월분 이자+3억 원에 대한 4개월분 이자+4억 원에 대한 2개월분 이자'로 계산되어 이자비용은 6,000만 원이 아니라 3,800만 원입니다. 체감 이자율은 8%가 조금 안 되는 수준이 됩니다.

다중주택 건축을 추천하는 이유

도심의 토지 중 주택지가 그나마 상업지에 비해서 값이 저렴합니다. 그러므로 초보자가 접근하기에 비교적 용이합니다. 3억 원 정도의 자기자본으로, 토지만 일부 대출을 받아서 구입한 후 건축자금은 모두 대출

받아 건축할 수 있습니다. 그리고 소형 주택의 경우 전세금을 받아 건축비를 상환할 수 있습니다. 서울의 경우 토지 가격이 많이 올랐고, 역세권의 경우 단독주택 대부분이 빌라로 바뀌었습니다. 하지만, 아직 수도권 주택지 가격은 서울에 비해 그리 많이 오르지는 않아서 건축 사업에 도전해볼 만하다고 생각됩니다. 다만 최근에 전 세계적인 인플레이션으로 건축비가 급상승했기 때문에 현실적인 건축비를 감안해서 사업성을 잘 검토해보아야 할 것입니다.

수도권의 경우 주택 경기가 이제 정점을 찍고 하락기로 가고 있다는 의견도 있는 것은 사실입니다. 그러나 다중주택 건축주는 아파트 투자자와는 다소 관점이 다릅니다. 원룸이나 쉐어하우스를 사용하는 젊은 사람들로부터 월세를 받는 것이 목적이기 때문입니다. 젊은 세대들의 취향을 저격하는 주택을 기획하면 전체적인 주택 경기가 좋지 않다고 하더라도, 얼마든지 월세를 잘 받을 수 있을 것입니다. 그리고 토지 가격은 아파트 가격에 비해 쉽게 떨어지지 않습니다. 위기가 곧 기회일 수 있습니다.

빌라에는 연립주택, 다세대주택, 다중주택, 다가구주택이 있는데, 그중에서 다중주택을 추천하는 이유는 다음과 같습니다.

'건축법 시행령' 별표1

연립주택과 다세대주택은 공동주택으로 분류되며, 다중주택과 다가구주택은 단독주택으로 분류됩니다.

연립주택 - 주택으로 쓰는 1개 동의 바닥면적(2개 이상의 동을 지하주차장으로 연결하는 경우에는 각각의 동으로 본다) 합계가 660㎡를 초과하고, 층

수가 4개 층 이하인 주택

다세대주택 - 주택으로 쓰는 1개 동의 바닥면적 합계가 660㎡ 이하이고, 층수가 4개 층 이하인 주택(2개 이상의 동을 지하주차장으로 연결하는 경우에는 각각의 동으로 본다)

다중주택 - 다음의 요건을 모두 갖춘 주택을 말한다.

1. 학생 또는 직장인 등 여러 사람이 장기간 거주할 수 있는 구조로 되어 있는 것

2. 독립된 주거의 형태를 갖추지 않은 것(각 실별로 욕실은 설치할 수 있으나, 취사시설은 설치하지 않은 것을 말한다)

3. 1개 동의 주택으로 쓰이는 바닥면적(부설 주차장 면적은 제외한다. 이하 같다)의 합계가 660㎡ 이하이고 주택으로 쓰는 층수(지하층은 제외한다)가 3개 층 이하일 것. 다만, 1층의 전부 또는 일부를 필로티 구조로 해서 주차장으로 사용하고 나머지 부분을 주택(주거 목적으로 한정한다) 외의 용도로 쓰는 경우에는 해당 층을 주택의 층수에서 제외한다.

4. 적정한 주거환경을 조성하기 위해서 건축조례로 정하는 실별 최소 면적, 창문의 설치 및 크기 등의 기준에 적합할 것

다가구주택 - 다음의 요건을 모두 갖춘 주택으로서 공동주택에 해당하지 아니하는 것을 말한다.

1. 주택으로 쓰는 층수(지하층은 제외한다)가 3개 층 이하일 것. 다만, 1층의 전부 또는 일부를 필로티 구조로 해서 주차장으로 사용하고 나머지 부분을 주택(주거 목적으로 한정한다) 외의 용도로 쓰는 경우에는 해당 층을 주택의 층수에서 제외한다.

2. 1개 동의 주택으로 쓰이는 바닥면적의 합계가 660㎡ 이하일 것

3. 19세대(대지 내 동별 세대수를 합한 세대를 말한다) 이하가 거주할 수 있을 것

다중주택(개별 취사시설 설치가 금지된 쉐어하우스를 생각하면 됩니다)은 주차장 규제에서 다세대주택보다 다소 자유롭습니다. 거주할 수 있는 가구 수는 많지만, 주차장 기준이 다음과 같이 단독주택과 동일하게 계산되기 때문입니다.

'주차장법 시행령' 별표1
부설주차장의 설치대상 시설물 종류 및 설치기준(발췌)

단독주택 (다가구주택은 제외한다)	· 시설면적 50㎡ 초과 150㎡ 이하: 1대 · 시설면적 150㎡ 초과: 1대에 150㎡를 초과하는 100㎡당 1대를 더한 대수[1+{(시설면적-150㎡)/100㎡}]
다가구주택, 공동주택 (기숙사는 제외한다), 업무시설 중 오피스텔	· '주택건설기준 등에 관한 규정' 제27조제1항에 따라 산정된 주차대수. 이 경우 다가구주택 및 오피스텔의 전용면적은 공동주택의 전용면적 산정방법을 따른다.

다중주택은 주택으로 쓰이는 바닥면적 합계가 330㎡까지만 가능했습니다. 그러나 2021년 6월 16일부터 건축법 시행령이 개정되어, 660㎡까지 지을 수 있게 되었습니다. 즉, 다중주택을 더 넓은 대지에도 지을 수 있게 되었습니다.

또한 좁은 원룸에 고립되어 사는 것보다는, 거실을 넓게 쓰는 쉐어하우스를 선호하는 사람들도 많이 있습니다. 이 경우 임차인 관리만 잘하면 됩니다. 개별 취사시설이 설치되어 있지 않은 것은 불편하지만, 어차피 요리하는 경우가 많지는 않을 것입니다. 필요하다면 1구짜리 쿡탑을 각 방에 넣어둘 수도 있습니다.

토지 매입
- 일조권 사선제한을 주의하자

　주거지역 용적률이 조례상 200~250%라고 하더라도, 일조권 사선제한 때문에 그것대로 다 지을 수 있는 것이 아닙니다. 실제 적용 가능한 용적률은 그에 훨씬 못 미치는 경우가 있습니다.

'건축법 시행령' 제86조

① 전용주거지역이나 일반주거지역에서 건축물을 건축하는 경우에는 법 제61조제1항에 따라 건축물의 각 부분을 정북(正北) 방향으로의 인접 대지경계선으로부터 다음 각 호의 범위에서 건축조례로 정하는 거리 이상을 띄어 건축하여야 한다(개정 2015. 7. 6).

1. 높이 9m 이하인 부분: 인접 대지경계선으로부터 1.5m 이상
2. 높이 9m를 초과하는 부분: 인접 대지경계선으로부터 해당 건축물 각 부분 높이의 2분의 1 이상

한 층의 높이가 3m라고 하면, 남측에 도로가 있는 경우 4층 이상부터는 높이 9m 초과 부분이 계단식으로 올라가야 합니다.

일조권 사선제한

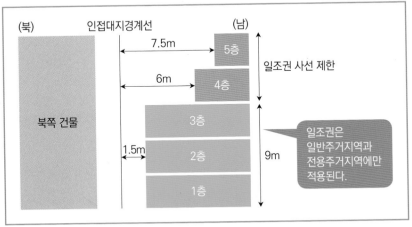

출처: 진서원출판사 네이버 포스트 참조

한편 일조권 사선제한은 일반주거지역과 전용주거지역에만 적용됩니다. 따라서 상업지역이나 공업지역, 준주거지역 등에 연접하는 토지의 경우, 인접 대지가 일조권 사선제한이 적용되지 않을 수 있습니다. 이 경우 인접 건물은 대상 토지의 일조권을 고려하지 않고 건축을 했을 것입니다. 그러므로 일조권 침해를 받을 수 있는 가능성이 있으니 조심해야 합니다. 랜드북(www.landbook.net)이란 사이트에서는 일조권 사선제한에 따른 건축 가능 용적률, 모양 등을 AI를 통해 알려줍니다. 일조권에 따른 제한을 반영한 토지의 가치를 판단할 때 유용합니다.

예를 들어 이런 토지를 생각해보겠습니다.

일조권 사선제한 때문에 가치가 낮은 토지

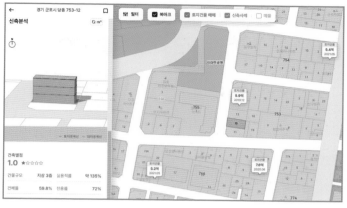

출처: 랜드북

이 토지의 모양은 가로로 긴 모양이라, 남북 길이가 짧으며 북측 대지에 연접하는 길이가 깁니다. 따라서 일조권 사선제한 때문에 4층 이상은 아예 건축할 수도 없습니다. 실제 가능 용적률은 약 135%로 예상됩니다. 반면, 다음 토지를 보겠습니다.

일조권 사선제한을 거의 받지 않는 토지

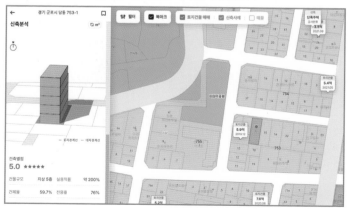

출처: 랜드북

처음 본 토지보다 이 토지는 모양이 더 길쭉하게 생겼습니다. 접한 도로의 폭도 비슷하므로, 두 토지의 가치가 비슷할 것이라고 생각하기 쉽습니다. 그러나 사실 이 토지는 북향으로, 일조권 사선제한의 영향을 별로 받지 않습니다. 용적률 약 200%로 건축이 가능한 토지입니다(물론, 모양이 길쭉해서 주차장 설치 시 이중주차로 해야 할 것으로 보입니다). 게다가 면적도 빌라 건축에 적당한 면적을 가지고 있습니다. 처음 본 토지는 면적이 약 41평이고, 두 번째 토지는 약 69평입니다. 엘리베이터와 계단실도 만들어야 하기 때문에, 실제 건축 가능한 빌라의 전용면적에도 큰 차이가 날 수밖에 없습니다.

 알아둡시다!　　　　　　　　빌라 건축에 적합한 부지면적은?

빌라 건축업자들이 가장 선호하는 토지면적은 60~80평 정도라고 합니다. 토지면적이 40평 정도로 너무 작으면, 주차장도 넓게 빼기가 어렵습니다. 엘리베이터와 계단실도 만들어야 하므로, 주택의 실면적이 얼마 나오지 않습니다. 반면 토지면적이 80평이 넘어가면 어떻게 될까요? 용적률 250%를 적용하는 경우 '주택으로 사용하는 바닥면적의 합계'가 660㎡를 넘어가게 됩니다. 그러면 다세대주택이 아닌 연립주택 또는 아파트로 분류됩니다. 주차면적은 한정되어 있으므로, 결과적으로 수요가 다소 제한되는 대형 평수의 주택(연립주택)을 지어야 하는 것입니다. 아니면 규제가 많은 아파트를 지어야 합니다.

토지 매입
- 주차장법도 보아야 한다

지하철1호선 오류동역에서 도보 약 10분 거리에, 빌라를 지을 수 있는 토지가 감정가 3.3㎡당 약 1,600만 원에 공매로 나왔습니다. 주변은 거의 단독주택이나 빌라인데, 왜 이 토지는 비어 있는지 의문이 들었습니다.

공매물건 정보

출처: 온비드

일단 해당 물건의 위치만 놓고 보면, 오류동역에서 도보 약 10분 거리이기 때문에 빌라를 지으면 분양하는 데 별 지장은 없어 보입니다. 토지이용계획확인서를 보아도 건축을 제한하는 별다른 규제 사항은 없어 보입니다. 그런데 토지 모양을 보면 출입구가 좁습니다. 빌라를 지을 수 있는 땅이 맞을까요?

지적도

출처: 씨리얼(seereal.lh.or.kr)

'주차장법 시행규칙'의 다음 규정을 검토해보겠습니다.

제6조(노외주차장의 구조·설비기준)

① 법 제6조제1항에 따른 노외주차장의 구조·설비기준은 다음 각 호와 같다. (중략)

2. 노외주차장의 출구 부근의 구조는 해당 출구로부터 2m(이륜자동차 전용 출구의 경우에는 1.3m)를 후퇴한 노외주차장의 차로의 중심선상 1.4m의 높이에서 도로의 중심선에 직각으로 향한 왼쪽·오른쪽 각각 60도의 범위에서 해당 도로를 통행하는 자를 확인할 수 있도록 하여야 한다.

이 규정은 '노외(路外)주차장(도로 또는 교통광장 외의 장소에 설치된 주차장으로서 일반의 이용에 제공되는 것을 말합니다)'에 적용됩니다. 그러나 동법 시행규칙 제11조제1항에 의하면, 이 규정은 건물의 부설주차장을 설치할 때도 원칙적으로 준용됩니다. 그러므로 주차장 출구에서 2m 후퇴한 지점과 차로의 중심선을 이은 선을 그려보아야 합니다. 이 선을 기준으로 해서, 좌측과 우측 모두 60도의 범위에서 시야를 확보해야 합니다. 그러면 도면에서 가상의 선을 한번 그어보겠습니다.

지적편집도

어떤가요? 좌측과 우측 모두 60도의 각도가 확보되나요? 안타깝게도 해당 토지와 도로가 이루는 각조차 120도에 미치지 못하기 때문에, 어떻게 하더라도 좌우 모두 60도의 시야를 확보하기는 어려워 보입니다. 그렇다면 대상 토지는 부설주차장을 설치하기 어려우므로, 결과적으로 건축하지 못하는 토지인 것일까요? 다행스럽게도, 8대 이하의 부설주차장을 설치하려는 경우는 앞서 규정이 적용되지 않습니다. '주차장법 시행규칙' 제11조제5항에는 다음과 같이 명시되어 있기 때문입니다.

⑤ 부설주차장의 총 주차대수 규모가 8대 이하인 자주식주차장의 구조 및 설비기준은 제1항 본문(제6조제1항제2호-시야 각도 확보 규정-등을 준용한다는 규정)에도 불구하고 다음 각 호에 따른다(즉, 준용하지 않는다).

그리고 제5항 각 호의 내용에는 특별히 이 토지의 건축을 제한할 만한 사항이 나와 있지 않습니다. 따라서 8대 이하의 주차장을 설치할 것이라면, 빌라 건축이 가능할 것으로 판단됩니다. 모양이 별로 안 좋기는 하지만 면적도 286㎡로 빌라 짓기에 나쁘지 않은 면적입니다. 다만, 해당 토지는 남향이고, 북측 토지에 비해 지대가 높습니다. 로드뷰로 보면 옹벽의 높이가 약 5m는 되어 보입니다.

사례 토지의 옹벽 전경

출처: 네이버 지도 로드뷰

그래서 일반주거지역에 적용되는 일조권 사선제한 때문에 건물의 모양이 예쁘게 나오지 않을 것으로 생각됩니다. 그렇다고 용적률을 다 활용하기 위해서 주택으로 쓰이는 층수를 5층 이상으로 건축한다면 다세대주택이 아닌 아파트가 됩니다. '주택법'상 더 많은 규제가 적용될 수 있는 것입니다. 따라서 조례가 정하는 용적률 200%를 다 활용하지 못할 가능성이 높습니다.

그리고 '주차장법'에서 요구하는 출입구의 너비 3m는 충족하지만, 토지의 출입구가 좁은 편입니다. 따라서 공사 차량의 출입이 불편할 것입니다. 그러면 아무래도 공사 진행 속도에 영향을 주기 때문에, 공사비가 더 들어갈 가능성이 높습니다. 입구가 좁기 때문에 분양가격을 일반 신축 빌라보다 더 낮춰야 할 수도 있습니다.

종합적으로 볼 때 빌라 건축이 가능한 땅이기는 하나, 일반적인 빌라 부지보다는 확실히 열세한 토지라고 보아야겠습니다. 선호도에 있어 대략 30%쯤은 낮을 것으로 예상해봅니다(참고로 사진으로 보면 옆 교회에서 토지를 일부 점거하고 있고, 빌라 건축을 위해 담장 철거를 요청하면 별 문제는 되지 않을 것으로 보입니다. 또한 통신주가 세워져 있지만, 빌라 건축을 위해 이설 신청을 한다면 받아들여질 것으로 생각됩니다).

사례 토지의 주변 풍경

출처: 네이버 지도 로드뷰

그런데 이런 땅이 왜 오랫동안 비어 있었을까요? 아무래도 의문입니다. 우선 토지대장을 보니 소유자가 '국'입니다. 국유지였습니다. 오랫동안 방치해놓은 것은, 아마 인근 주민들을 위한 노상 공영주차장으로 사용하려고 생각했던 것이 아닐까 합니다. 그런데 '주차장법'을 보니, 노상주차장은 불가하며, 부설주차장 중에서도 8대 이하의 주차장만 설치 가능한 것을 알게 된 것이 아닐까요? 그러고 나서야 토지 매각으로 선회한 것이 아닐까 생각됩니다. 또는, 옹벽 위에 있는 토지이기 때문에, 대상 부지에 건축을 하게 되면 옹벽이 무너져내릴 위험이 커지므로, 건축허가가 되지 않았을 가능성도 있습니다(참고: '건축법' 제40조제4항 ④ 손궤(損潰: 무너져 내림)의 우려가 있는 토지에 대지를 조성하려면 국토교통부령으로 정하는 바에 따라 옹벽을 설치하거나 그 밖에 필요한 조치를 하여야 한다). 이러한 점으로 본다면 대상 토지에는 여러모로 불리한 조건이 많습니다.

아무튼, 빌라나 원룸 개발사업을 염두에 두고 있으시다면, '주차장법'을 꼭 알아두시는 것이 좋겠습니다. 아마 소규모 개발이라면, '8대 이하의 자주식 주차장을 설치하는 경우'에 해당할 것입니다(9대 이상의 주차장을 만드는 경우, 토지 내에 자동차가 움직이는 폭 6m 이상의 차로까지 다 만들어야 합니다. 그러나 8대 이하의 경우 인접도로를 차로로 사용할 수 있습니다). 그러므로 다음에 실린 특히, '주차장법 시행규칙' 제11조, 그중에서도 제5항은 잘 봐두시는 것이 좋을 것입니다.

⑤ 부설주차장의 총 주차대수 규모가 8대 이하인 자주식주차장의 구조 및 설비기준은 제1항 본문에도 불구하고 다음 각 호에 따른다(개정 2012. 7. 2, 2013. 1. 25, 2016. 4. 12).

1. 차로의 너비는 2.5m 이상으로 한다. 다만, 주차단위구획과 접해서 있는 차로의 너비는 주차형식에 따라 다음 표에 따른 기준 이상으로 하여야 한다.

주차형식	차로의 너비
평행주차	3.0m
직각주차	6.0m
50도 대항주차	4.0m
45도 대항주차	3.5m
교차주차	3.5m

2. 보도와 차도의 구분이 없는 너비 12m 미만의 도로에 접해 있는 부설주차장은 그 도로를 차로로 해서 주차단위구획을 배치할 수 있다. 이 경우 차로의 너비는 도로를 포함해서 6m 이상(평행주차형식인 경우에는 도로를 포함해서 4m 이상)으로 하며, 도로의 포함 범위는 중앙선까지로 하되, 중앙선이 없는 경우에는 도로 반대쪽 경계선까지로 한다.

3. 보도와 차도의 구분이 있는 12m 이상의 도로에 접해서 있고 주차대수가 5대 이하인 부설주차장은 그 주차장의 이용에 지장이 없는 경우만 그 도로를 차로로 해서 직각주차형식으로 주차단위구획을 배치할 수 있다.

4. 주차대수 5대 이하의 주차단위구획은 차로를 기준으로 해서 세로로 2대까지 접해서 배치할 수 있다(※덧붙이면, 세로로 2대를 이중주차구획으로 만들려면, 주차단위구획을 5대 이하로 하여야 한다는 것입니다. 사진에서도 세로로 2대를 주차할 수 있는 주차구획이 4대 단위로 되어 있는 것을 보실 수 있습니다).

주차 구획선

출처: 인터넷 커뮤니티

5. 출입구의 너비는 3m 이상으로 한다. 다만, 막다른 도로에 접해서 있는 부설주차장으로서 시장·군수 또는 구청장이 차량의 소통에 지장이 없다고 인정하는 경우에는 2.5m 이상으로 할 수 있다.
6. 보행인의 통행로가 필요한 경우에는 시설물과 주차단위구획 사이에 0.5m 이상의 거리를 두어야 한다.

'주차장법'은 오래된 건물의 증축 가능 여부를 판단할 때도 중요합니다. 용적률에 여유가 있다고 하더라도, 법에서 요구하는 주차장 대수를 만족하지 못한다면 증축할 수 없습니다. 부설주차장의 설치대상 시설물 종류 및 설치기준을 보려면, 각 지방자치단체의 조례(예: 서울특별시 주차장 설치 및 관리 조례)의 별표를 참조하시기 바랍니다.

토지 매입
- 작은 면적도 놓치지 말자

토지대장상 면적보다 건축 가능한 면적이 작을 수 있다

시골에서야 대개 별 문제가 되지 않지만, 도심에서는 약간의 면적도 무시할 수 없는 차이를 가져올 수 있기 때문에 이건 알아두셔야 합니다. 토지대장상의 면적은 '공간정보의 구축 및 관리 등에 관한 법률'에 의한 면적으로, 해당 토지 고유의 면적을 말합니다. 그런데 건축물대장상의 대지면적은 그와는 다릅니다. 해당 토지 고유의 면적 중에서 건축물이 들어설 수 있는 면적을 나타낸 것입니다. 다음 예에서 토지대장상 면적은 182.5㎡, 건축물대장상 면적은 178.41㎡로 표기되어 있습니다. 왜 그럴까요? 해당 구청 건축과에 문의해봐도 알 수 있습니다. 사례 토지 서측에 있는 지적도상 도로의 폭이 '건축법'에서 정해놓은 폭보다 좁아서, 도로의 폭을 확보하기 위해서입니다. 한마디로 건축을 하더라도 최소 도로 폭은 빼놓고 건축하라는 이야기입니다. '건축법'을 살펴보면 다음과 같습니다.

사례 토지의 토지대장, 건축물대장, 토지이용계획확인

고유번호	1117010400-10007-0026			**토지 대장**		도면번호	17	발급번호	202011170-00094-4227
토지소재	서울특별시 용산구					장 번 호	1-1	처리시각	16시 26분 04초
지 번		축 척	1:600			비 고		발 급 자	인터넷민원

토 지 표 시

지 목	면 적(㎡)	사 유	변 동 일 자		소 유 자		
			변 동 원 인		성 명 또는 명칭	주 소	등 록 번 호
(08) 대	*182.5*	(21) 1926년 06월 18일	2013년 11월 12일			서울특별시 용산구	
		7-1번에서 분할	(04)주소변경		최		51 -1******
		--- 이하 여백 ---			--- 이하 여백 ---		

등 급 수 정 년 월 일	1985. 07. 01. 수정	1989. 01. 01. 수정	1990. 01. 01. 수정	1991. 01. 01. 수정	1992. 01. 01. 수정	1993. 01. 01. 수정	1994. 01. 01. 수정	1995. 01. 01. 수정
토 지 등 급 (기준수확량등급)	202	205	214	218	222	224	227	229
개별공시지가기준일	2014년 01월 01일	2015년 01월 01일	2016년 01월 01일	2017년 01월 01일	2018년 01월 01일	2019년 01월 01일	2020년 01월 01일	용도지역 등
개별공시지가(원/㎡)	3601000	3784000	4028000	4293000	4770000	5472000	5879000	

토지대장에 의하여 작성한 등본입니다.

2020년 6월 14일

서울특별시 용산구청장인

일반건축물대장(갑)

(3쪽 중 제 1 쪽)

고유번호	1117010400-1-	민원24접수번호	20200614 - 50975744	명칭		호수/가구수/세대수	0호/0가 구/04세대
대지위치	서울특별시 용산구	지번		도로명주소	서울특별시 용산구		
대지면적	178.41 ㎡	연면적	371.52 ㎡	지구 제2종일반주거지역	주차장정비지구		
건축면적	100.77 ㎡	용적률산정용 연면적	264.27 ㎡	주구조	주용도 다가구용단독주택(8가구)	층수 지하 1층/지상 3층
건폐율	57.48 %	용적률	148.13 %	높이 10.15 m	지붕 평스라브	부속건축물
조경면적	㎡	공개 공지·공간 면적	㎡	건축선 후퇴면적 ㎡	건축선 후퇴거리	

소재지	서울특별시 용산구		
지목	대	면적	182.5 ㎡
개별공시지가(원/㎡당)	5,879,000원 (2020/01) Q 연도별 보기		

지역지구등 지정여부	『국토의 계획 및 이용에 관한 법률』에 따른 지역·지구등	도시지역 , 제2종일반주거지역(7층이하), 지구단위계획구역(2016-01-14)(용산지구)
	다른 법령 등에 따른 지역·지구등	가축사육제한구역<가축분뇨의 관리 및 이용에 관한 법률> , 상대보호구역(자세한사항은 서울특별시중부교육청에 별도확인)<교육환경 보호에 관한 법률> , 대공방어협조구역(위탁고도: 77-257m)<군사기지 및 군사시설 보호법> , 정비구역(입안)<도시 및 주거환경정비법> , 과밀억제권역<수도권정비계획법>
	『토지이용규제 기본법 시행령』 제9조제4항 각 호에 해당되는 사항	중점경관관리구역(2016-11-24)(주요산 주변 중점경관관리구역)

| 확인도면 | | 범례 □ 지구단위계획구역 □ 정비구역 □ 상대보호구역 □ 제2종일반주거지역 □ 도시지역 |
| | | □ 작은글씨확대   축척1/ 600 변경 Q 도면크게보기 |

출처: 정부24, 일사편리

제46조(건축선의 지정)

① 도로와 접한 부분에 건축물을 건축할 수 있는 선(이하 '건축선(建築線)'이라 한다)은 대지와 도로의 경계선으로 한다. **다만, 제2조제1항제11호에 따른 소요 너비(*)에 못 미치는 너비의 도로인 경우에는 그 중심선으로부터 그 소요 너비의 2분의 1의 수평거리만큼 물러난 선을 건축선으로 하되**, 그 도로의 반대쪽에 경사지, 하천, 철도, 선로부지, 그 밖에 이와 유사한 것이 있는 경우에는 그 경사지 등이 있는 쪽의 도로경계선에서 소요 너비에 해당하는 수평거리의 선을 건축선으로 하며, **도로의 모퉁이에서는 대통령령(건축법 시행령 제31조)으로 정하는 선을 건축선으로 한다.**

② 특별자치시장·특별자치도지사 또는 시장·군수·구청장은 시가지 안에서 건축물의 위치나 환경을 정비하기 위해서 필요하다고 인정하면 제1항에도 불구하고 대통령령으로 정하는 범위에서 건축선을 따로 지정할 수 있다.

(*) 너비 4m 이상. 단, 지형적으로 자동차 통행이 불가능한 경우: 너비 3m 이상(길이 10m 미만의 막다른 도로의 경우 너비 2m 이상)
그 밖의 막다른 도로: 길이 10m 미만의 경우 너비 2m 이상, 길이 10m~35m 미만의 경우 너비 3m 이상, 길이 35m 이상의 경우 6m 이상(도시지역이 아닌 읍면지역은 4m 이상)

해당 토지의 서측을 보면 지적도상 막다른 도로가 있습니다. 이 도로의 길이는 약 20m이므로, 앞서 건축법 규정에 의하면 너비 3m 이상을 확보해야 합니다. 그에 미치지 못할 경우 중심선에서 양편으로 1.5m씩 뒤로 물러난 선을 건축선으로 해야 합니다. 해당 도로를 지적도면에서 보면 너비는 약 2.2m로 보입니다. 그렇다면 중심선에서부터의 거리는 1.1m이므로, 0.4m(1.5-2.2×1/2)만큼 건축선이 뒤로 물러나야 합니다. 그리고 그 물러난 건축선의 길이는 약 10m로 보이는데, 그렇다면 약 4

㎡(0.4×10)만큼 도로로 내주어야 하는 것입니다. 해당 토지의 경우 토지대장상의 면적과 건축물대장상의 면적이 약 4㎡가 차이가 나는 이유가 여기에 있습니다.

그 4㎡에 해당하는 부분에는 건축물을 지을 수도 없고, 건폐율 및 용적률도 '건축법'상 대지면적을 기준으로 결정됩니다. 따라서 해당 토지를 실질적으로 사용할 수 있는 면적은 182.5㎡가 아니라 178.41㎡이 되는 것이죠. 그러므로 단순히 토지대장상의 면적만 보고 거래해서는 안 됩니다. 가치가 낮은 토지의 경우 큰 영향이 없을 수 있지만, 도심지의 경우 이러한 사항도 중요하게 고려해야 할 것입니다.

토지대장상의 대지면적과 건축물대장상의 대지면적이 다를 수 있는 또 다른 경우로 이른바 '가각전제'라는 것이 있습니다. 너비 4m 이상의 두 도로가 교차하는 경우 자동차 통행을 원활하게 하기 위해서 도로 모퉁이의 경우 모서리를 자르는 것입니다. 가각전제(뒐) 부분에는 당연히 건축할 수가 없고 건축법상 대지면적에 포함되지도 않습니다(어떤 기준으로 모서리를 자르는지에 관해서는 '건축법 시행령' 제31조제1항, '도시계획시설의 결정·구조 및 설치기준에 관한 규칙' 제14조제1항 및 별표에 규정되어 있으니 관심이 있으시다면 참고하시기 바랍니다).

토지경계확인을 위한 측량은 언제?

건축을 할 때 옆 토지 소유자와의 분쟁 소지를 없애기 위해서 토지의 정확한 경계확인이 필요합니다. 그래서 토지경계측량(경계복원측량)을 합니다. 그런데 토지경계측량을 하게 되면 당연히 인접한 곳의 토지 소유자가 신경을 쓰게 됩니다. 이때 만약 인접 토지 소유자가 20년간 소유의 의사로 토지 일부를 점유하고 있었다면 문제가 발생합니다. 이 경우 '민법' 제245조제1항에 의해서 점유취득시효를 주장할 수도 있습니다. 그러면서 부동산 처분금지 가처분(권리관계를 현재 상태로 보전하기 위해 법원에 요청합니다)을 걸 수도 있는 일입니다. 그렇게 되면 소유권이전등기가 되지 않은 상태인 경우 소유권이전을 해올 수도 없습니다.

민법 제245조(점유로 인한 부동산소유권의 취득 기간)

① 20년간 소유의 의사로 평온, 공연하게 부동산을 점유하는 자는 등기함으로써 그 소유권을 취득한다.

그러나 소유권이전등기를 마친 이후에는 인접 토지 소유자가 취득시효를 주장할 수 없게 됩니다(대법원 1986. 8. 19 선고 85다카2306). 그리고 그 부동산을 처분한 종전 소유자에게 채무불이행 책임을 물을 수도 없습니다(대법원 1995. 7. 11 선고 94다4509). 따라서 만일을 대비해서 토지경계측량은 소유권이전등기 이후에 하는 것이 좋을 것입니다.

차별화된
도심 주택을 만들자

셜록현준 님에게 배운 인테리어 아이디어

유튜브 채널 '셜록현준'은 건축가 유현준 님의 채널입니다. 보면 볼수록 '정말 유식하다, 훌륭하다, 셜록이라고 하실 만하다'라는 생각이 듭니다. 원룸, 기숙사, 아파트 건축에 있어서 내부 구조를 어떻게 하면 좋을지에 대한 아이디어를 유튜브에서 보게 되었습니다. 그분의 저서 《공간의 미래》라는 책에서는 원룸의 주방을 창가 쪽으로 배치하고 침대를 가운데 놓는 공간 배치 아이디어를 얻을 수 있었습니다. 그에 더해서 다음과 같은 아이디어도 인상적이었습니다.

원룸 세면대의 위치 제안

2인실 기숙사 공간 배치 제안

출처: 유튜브 채널 '셜록현준'

원룸

세면대를 바깥으로 빼놓으면 손을 씻거나 세수할 때는 귀찮게 실내화를 신고 욕실로 들어갈 필요가 없습니다. 호텔 세면대가 그런 것처럼 말이죠. 세면대가 뭔가 우아한 공간에 놓이게 됩니다. 또한 변기와 샤워기가 있는 욕실 벽을 투명하게 하면, 거실에서 느끼는 공간의 넓이가 더 넓어집니다. 시야가 벽에 가로막히지 않기 때문입니다. 정 싫으면 샤워실에 커튼을 설치하면 그만입니다.

기숙사(2인실)

2인실 기숙사에서, 2층 침대에서 한 명이 자고 있는데 누가 공부를 할 경우 서로에게 방해가 되어서는 안 될 것입니다. 위의 그림을 보면 프라이버시를 보장할 수 있는 구조로 만든 것을 볼 수 있습니다.

아파트

유튜브 영상에서는 ㄷ자 한옥과 3-bay 아파트를 비교한 내용이 있습니다. 아파트의 거실은 한옥에서의 중정에 해당합니다. 한옥에서는 창문이 있어서 중정 너머의 다른 방과 소통이 가능했는데, 아파트의 경우 내부에 창문이나 문이 없습니다. 이것을 개선해서, 가령 발코니 확장 부분에 문을 만든다면, 다음과 같은 일이 가능해집니다.

한옥 양식의 중정(고매커피)

출처: 인터넷 커뮤니티

아파트 공간의 순환 구조

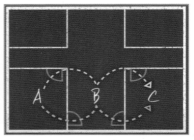

출처: 유튜브 채널 '셜록현준'

A에서 B로 이동하고, 다시 C로 이동하고, 그 반대로 갈 때에는 동선을 달리할 수 있습니다. 이렇게 되면 공간을 훨씬 넓게 체감하게 됩니다. 공간이 보다 다채로워지고, 다양한 공간 경험을 통해 즐거움이 생겨납니다.

이렇듯 부동산의 가치를 높이기 위해서는 건축 공부도 필요합니다. 부동산업은 공간 제공업이라고 보아도 좋으니까요. 이러한 아이디어들을 반영해서 건축한다면, 더 경쟁력 있는 건물, 가치 높은 부동산을 만들 수 있을 것입니다.

타부치 키요시에게 배운 주택 평면

《최고의 주택 평면》이라는 책의 저자 타부치 키요시는 일본의 주택 디자이너입니다. 주택 설계는 물론 인테리어숍을 운영하며 건축 관련 다양한 작업을 진행하고 있습니다. 책에는 다양한 아이디어가 나왔지만, 저에게 인상적이었던 5가지만 꼽아보도록 하겠습니다.

부스 형식의 주방

작은 호텔 같은 느낌을 갖게 합니다. 주방을 독립된 공간으로 만들고, 수납도 한꺼번에 해서 깔끔함이 돋보입니다.

부스 형식의 주방

출처: 타부치 키요시 인스타그램(@attract7)

바(Bar) 형태의 탁자, 도트 문양의 포인트 벽지, 포인트 조명

아늑한 공간을 만들었고, 포인트 벽지가 이렇게 중요한 역할을 할 수 있다는 것을 다시 한번 느꼈습니다. 바 형태의 탁자는 가족이 함께 여러 활동을 하거나 편안한 휴식공간을 제공합니다.

바(Bar) 형태의 탁자, 포인트 벽지와 조명

출처: 타부치 키요시 인스타그램

복층 구조

책에는 주로 2층 또는 3층 주택의 평면이 제시됩니다. 협소주택의 예도 몇 개 나옵니다. 저자는 주로 단독주택을 염두에 둔 것이겠지요. 복층 구조는 개방감을 더해주어 잘 사용하면 가치를 높일 수 있습니다. 하지만 복층 구조를 만들면 냉난방 비용도 더

복층 구조

출처: 타부치 키요시 인스타그램

들 수 있고, 서비스면적이 아니라 바닥면적에 산입된다는 점도 기억해야 합니다. '건축법 시행령' 제119조제1항제3호라목에 의해 층고가 1.5m(경사진 형태의 지붕의 경우 1.8m) 이하인 경우에만 다락으로 인정되어 바닥면적에 산입되지 않습니다.

자전거 수납

공동주택에서 자전거를 공용공간에 놓으면 도난 등의 위험이 있는데, 집 안에 놓는 방법에 대한 아이디어를 제시해주어 좋았습니다.

자전거 수납

출처: 타부치 키요시 인스타그램

계단에 문을 설치

계단에 문을 설치하면 에너지 절약
및 단열 효과가 상승합니다.

계단에 문을 설치

출처: 타부치 키요시 인스타그램

상황에 적응하는 아파트, AD-APT(Adapt)

호주의 건축사무소 우즈 베이곳(www.woodsbagot.com) 홈페이지에는 흥
미로운 아파트 평면이 제시되어 있습니다. 평면이 고정되어 있지 않고,
두 개의 이동식 벽을 활용해서 데이 모드, 야간 모드, 플레이 모드로 활
용할 수 있습니다.

넉넉한 거실과 식사 공간, 주방, 작업 공간을 제공하는 데이 모드

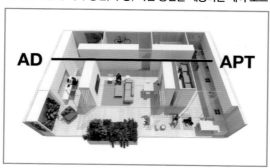

출처: 우즈베이곳 홈페이지

그리고 이동식 벽 안에는 접히는 가구의 수납 공간을 두어 손쉬운 구조 변경이 가능합니다. 코로나 시대에는 집에 머무르는 시간이 늘어나며, 확장된 공간이 필요해졌습니다. 따라서 상대적으로 저렴한 교외의 주택으로 가야 하겠지만, 그것도 쉽지 않으므로 제한된 평면을 상황에 따라 바꿀 수 있는 이와 같은 모델이 제안된 것입니다. 도심 주택에 적용해볼 만한 평면입니다. 부동산의 가치를 높이고자 한다면, 이러한 모형도 적극 검토해볼 필요가 있을 것입니다.

거실을 압축해서 2개의 침실을 제공하는 야간 모드

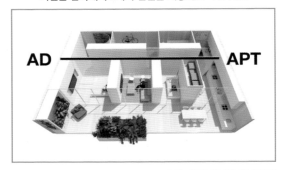

출처: 우즈베이곳 홈페이지

많은 사람이 모여도 접대할 수 있는 공간이 제공되는 플레이 모드

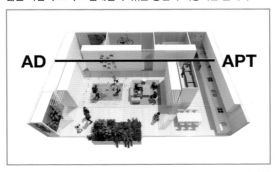

출처: 우즈베이곳 홈페이지

건축의
과정

건축사와 계약하기

직접 규제를 확인하는 것은 필수

건축법, 지구단위계획, 조례 등 각종 규제 내역을 확인하지 않고 건축가의 말만 믿고 있다가 나중에 낭패를 보게 될 수도 있습니다. 대폭 설계변경이 들어가야 될 수도 있습니다. 따라서 건축주는 설계 과정에서 관련 서류들을 일일히 확인해 보아야 합니다. 설계 지연은 동절기 공사로 이어질 수도 있고, 이는 공사비 증가로 이어집니다.

이러한 사고를 방지하기 위해서는 직접 인허가에 필요한 조례 규정을 검토하고, 설계 계약을 할 때 지연에 대한 배상을 특약으로 기재하고, 실시 설계(작업을 위한, 상세한 도면)를 할 때는 도면상에 상세하게 작업 지시를 명시하도록 요구해야 합니다.

평당 건축비 확인하기

"평당 건축비는 얼마인가요?"라고 묻기보다는, "건물을 100평으로 지으려고 하는데 평당 600만 원에 지으려면 어떤 식으로 지어야 하나요?"라고 구체적으로 묻는 것이 맞습니다. 건축비는 재료, 작업환경, 주변 조건, 디자인 등에 따라 천차만별이기 때문입니다. 그래서 적어도, 다음 사항은 정리하고 질문해야 평당 건축비를 대충이라도 알 수 있습니다.

- 구조는 목조로 할지? 철근콘크리트로 할지?
- 몇 평 정도로 지을 것인지?
- 건물의 사용 용도는 무엇인지?
- 몇 층으로 지을 것인지?
- 외장재는 무엇으로 할 것인지?
- 실내 구성은 어떻게 할 것인지?
- 언제 착공할 것인지?

설계가 건축의 거의 전부다! 설계비는 아끼지 말자

설계만 제대로 해놓아도, 시공사를 꼼짝 못 하게 만들 수 있습니다. 여기는 A브랜드의 B재료로 시공한다는 식으로 자세히 설계를 해놓으면 시공사가 적당히 빠져나갈 구멍이 없습니다. 또한 창의적인 설계는 건물의 가치를 높입니다. 그리고 당연한 이야기이지만, 건축주는 설계도면을 보고 이해할 수 있어야 합니다. 그래서 공부가 필요합니다. 의문점이 있다면 대충 넘어갈 것이 아니라 건축가에게 적극적으로 질문해야 합니다.

시공사와 계약하기

상세 견적을 받아 총액공사비로 계약

꼬마빌딩 건축에 있어서 시공사를 선정할 때, 가능한 한 공사비로 생기는 충돌을 예방할 필요가 있습니다. 그러기 위해 건축가가 작성한 '실시설계도면' 및 '부문별 산출내역서'를 시공사에 제공해서 견적서를 받아 비교 검토해야 합니다(이때 감리자를 미리 선정해서 도움을 받는 것이 좋습니다). 그래서 공사대금은 평당 공사비가 아닌 총액공사비로 계약을 해야 합니다.

유치권배제특약의 중요성

건축주가 공사대금을 공사진행 정도에 따라서 모두 지급했는데도, 시공사가 부도가 나면서 시공사가 하청업체에게 돈을 주지 않았다면 어떻게 될까요? 하청업체는 건물에 대해 유치권을 행사하면서 공사재개를 방해할 수 있습니다. 대법원 역시 하수급공사대금 채권을 가지고 유치권을 행사하는 것을 인정하고 있습니다(대법원 2013. 10. 24 선고 2011다 44788 등). 이와 같은 일을 방지하려면 유치권배제특약이 중요합니다. 시공사는 싫어하겠지만, 계약서에 도장을 찍기 전까지는 건축주가 강자이고 시공사는 약자입니다. 유치권배제특약을 하면, 하청업체도 유치권배제특약에 대해 이의를 제기하지 않은 이상 유치권을 주장할 수 없습니다(대법원 1990. 2. 13 선고 89다카11401).

대금 지급 방법

'기성고'란 공사 도급 계약에서 일정 시점을 기준으로 산정한 공사의 공정도를 말합니다. 건축주는 시공사에게 기성고만큼만 대금을 지급해야 합니다. 그 이상은 결코 안 됩니다(공사대금 계약금은 물론 먼저 지급하지만, 계약이행보증서를 받습니다). 이때 기성고는 투입된 실제 비용이 아니라는 것을 주의해야 합니다. 총계약공사비가 10억 원인데 기성고가 50%라면, 6억 원이 투입되었더라도 6억 원이 아니라 5억 원을 지급해야 합니다.

시공 과정에서 현장 살피기

건축 전문가가 아니기 때문에 대부분은 현장소장이 현장을 살피겠지만, 건축주가 할 수 있는 것이 있습니다. 건축사 또는 감리자의 도움을 받아 건축주가 적극적으로 누수 여부를 확인해야 합니다. 열화상 카메라를 대여받아 촬영해서 누수 여부를 확인하면 시공자도 긴장하고 제대로 시공할 것입니다.

또한, 기초 콘크리트를 깔기 전에 체크해야 할 것이 있습니다. 바닥에 고강도 단열재를 먼저 깔고 기초 측면부에도 같은 단열재를 붙여서 기초 바닥판을 외부의 냉기로부터 완전히 차단해야 합니다. 약간의 추가 비용만 들이면 열손실을 막을 수 있지만 시공자들이 자발적으로 이렇게 하는 경우는 없습니다.

합법적으로 약간의 건물 면적을 늘릴 수 있다는 것도 기억하면 좋습니다. 건축할 때, 건폐율, 용적률이 꽉 찼는데 방 크기가 아쉽게 느껴질 때, 또는 층고가 조금 아쉬울 때가 있습니다. 이때 법적으로 허용된 '건축허용오차'를 이용해야 합니다. '건축법' 제26조 및 '건축법 시행규칙'

별표5에서는 건축허용오차에 대해 규정하고 있습니다. 소규모 건축에서는 매우 유용한 규정입니다.

'건축법 시행규칙' 별표5(건축허용오차)

■ 건축법 시행규칙 [별표 5] <개정 2010.8.5>

건축허용오차(제20조관련)

1. 대지관련 건축기준의 허용오차

항 목	허용되는 오차의 범위
건축선의 후퇴거리	3퍼센트 이내
인접대지 경계선과의 거리	3퍼센트 이내
인접건축물과의 거리	3퍼센트 이내
건 폐 율	0.5퍼센트 이내(건축면적 5제곱미터를 초과할 수 없다)
용 적 률	1퍼센트 이내(연면적 30제곱미터를 초과할 수 없다)

2. 건축물관련 건축기준의 허용오차

항 목	허용되는 오차의 범위
건 축 물 높 이	2퍼센트 이내(1미터를 초과할 수 없다)
평 면 길 이	2퍼센트 이내(건축물 전체길이는 1미터를 초과할 수 없고, 벽으로 구획된 각실의 경우에는 10센티미터를 초과할 수 없다)
출 구 너 비	2퍼센트 이내
반 자 높 이	2퍼센트 이내
벽 체 두 께	3퍼센트 이내
바 닥 판 두 께	3퍼센트 이내

출처: 국가법령정보센터

내 건물의 마케팅 방안

건물을 완공하고 나서 건물을 홍보하려면 늦습니다. 아무리 건물이 잘 지어졌더라도, 사람들이 알아봐주지 않으면 헛일입니다. 임대나 매각이 되어야 합니다. 그래서 마케팅이 중요합니다. 건축(리모델링) 과정에서, 이를테면 문고리는 무슨 좋은 자재를 썼는지 같은 디테일한 점들은 나중에 고객에게 어필하기 어렵습니다. 차별화된 공간을 만들려는 나의 노력이 묻혀버릴 수 있는 것이죠. 그래서 건축 또는 리모델링의 시작부터 SNS에 기록해둘 필요가 있습니다. SNS에는 공사 과정의 사실적 모습뿐 아니라, 건축주의 희로애락이 묻어나야 합니다. 그래야 스토리가 있는 건물을 만들 수 있습니다. 나중에 고객으로 하여금 SNS에 방문해보도록 홍보하면 잘 팔리거나 임대를 하는 데도 도움이 될 것입니다.

지금까지 꼬마빌딩 건축과 관련한 중요한 내용들을 추려보았습니다. 향후 계속 알아가야 할 점들이 있겠지만, 이 정도만 알아두셔도 큰 틀은 잡으실 수 있을 것이라고 생각합니다.

소규모 주택정비사업을 추진하자

　재개발 재건축은 상품가치가 높은 아파트를 분양하는 사업이기 때문에, 사업을 추진하면 부동산 가치가 높아집니다. 주위 환경을 쾌적하게 개선하는 효과도 있지요. 그래서 대규모 재개발 재건축 사업의 경우 내가 아니라도 이미 다 누군가가 추진하고 있습니다. 그러나 대규모 구역 내 물건의 경우, 이미 프리미엄이 많이 붙어서 매입하기에는 부담스러울 수 있습니다.

　반면 소규모 구역은 건물이 전체적으로 노후도가 높은데도 아무도 적극적으로 나서지 않아서 추진되지 않은 경우가 있습니다. 그래서 소규모 구역에서는 프리미엄이 거의 없는 매물을 잡을 수도 있습니다. 이런 물건을 매입해서 사업을 적극적으로 추진해본다면 좋은 경험(공부)도 되고, 부동산의 가치를 높이는 일을 하는 것입니다. 그렇다고 해서 무턱대고 소규모 구역의 아무 물건이나 사서 사업을 추진해도 되는 것은 아닙니다. 이 사업을 추진하면 해당 구역 사람들에게 이익이 될 것인지 판단해보는 것이 중요합니다. 노후된 빌라를 소유한 사람들에게는 대개 이익이 되겠지만, 특히 상가 건물을 가진 사람들에게도 이익이 될 것인지를 판단해보아야 합니다.

부동산플래닛 화면

출처: 부동산플래닛

우선은 대상 구역의 건물이 노후가 진행되었는지 살펴보아야 합니다. 특정 지역의 노후도는 부동산플래닛(www.bdsplanet.com)에서 확인해보실 수 있습니다. 상단 좌측의 '실거래가조회' 메뉴에서, 오른쪽 중간의 '탐색' 버튼을 누르면 해당 지역의 노후도를 한눈에 볼 수 있습니다. 붉은색일수록 노후도가 심한 것이고, 푸른색일수록 신축입니다. 그렇다면 특정 지역의 노후도, 도로 여건 등을 볼 때 소규모 주택정비사업이 가능한 곳인지는 어떻게 판단할 수 있을까요? LH에서는 '인공지능 가로주택정비사업 솔루션'을 제공하고 있습니다(garohousing.lh.or.kr). 여기에 들어가면 대상 지역이 가로주택정비사업을 할 만한 구역인지 쉽게 알 수 있습니다. 이외에도 토지 소유자 수도 알 수 있고, 사업성이 우수한 정도를 개략적인 별점으로 알려주기도 합니다.

가로구역 확인

출처: LH 인공지능 가로주택정비사업 솔루션(garohousing.lh.or.kr)

소규모 주택정비사업의 사업성은 어떻게 판단할 수 있을까요? 즉, 내가 조합원이 되면 프리미엄이 얼마나 생길까요? 정비사업 구역 내의 부동산 가격은 '정비사업이 없다고 생각했을 때의 부동산 가치+프리미엄'으로 구성됩니다. 이때 프리미엄은 '(예상) 조합원 분양가와 일반 아파트 시세와의 차액'의 현재 가치입니다. 조합원 분양가는 낮아질수록 조합원에게 유리하므로, 조합으로서는 최대한 조합원 분양가를 낮추기 위해 노력할 것입니다. 하지만 조합원 분양가를 무턱대고 낮출 수는 없습니다. 새 아파트를 만들기 위한 원가가 있기 때문입니다. 궁극적으로는 이 원가가 조합원 분양가가 될 것입니다. 그러면 그 '원가'는 어떻게 계산할까요? 아파트를 구성하는 원가는 공사비, 간접비(각종 사업비용, 수수료 등), 토지 대금으로 구성됩니다. 각각을 어떻게 계산하는지 보겠습니다(박국규

저서, 《부동산 개발사업의 사업성 검토 및 시행》, 2020, pp.287~290를 참고했습니다).

아파트 건물 3.3㎡당 공사비: 680만 원(최근 경향을 감안해서 가감 조정
할 수 있습니다)

아파트 건물 3.3㎡당 간접비: 680만 원×70%=476만 원(건축공사
비의 65~70%를 반영합니다. 대단지 개발사업을 기준으로 한 것이며, 이는 구역 특성
에 따라 달라질 수 있습니다. 모 구역의 경우 약 75%가 예상되기도 했습니다. 또한 각
종 부담금이 면제되는 소규모 정비사업의 경우 간접비 비율은 상당히 줄어들 수도 있
습니다)

아파트 건물 3.3㎡당 토지 대금: 용적률이 250%이고 3.3㎡당(구
역 내 평균) 토지 가격을 2,700만 원으로 가정해보겠습니다. 그리
고 정비구역 면적을 1만㎡라고 하고, 이중 도로 등으로 기부채납
하는 면적이 2,600㎡라고 가정해보겠습니다. 즉, 실 택지면적은
7,400㎡입니다. 기부채납률이 26%이므로 공급면적 기준 3.3㎡
당 토지 대금은 다음과 같이 계산됩니다.

$$2,700만 원/[250\% \times (1-0.26)]=1,460만 원$$

3.3㎡당 최저 분양가: a+b+c=680+476+1,460=2,620만 원(35평
형, 전용 84㎡ 기준 약 9억 1,700만 원)

이 계산에서 가장 설정이 어려운 것은 구역 내 평균 토지 가격입니다.

이를 찾아내려면 거래 사례들을 면밀히 분석해야 합니다. 그래서 구역 내 A급지, B급지, C급지의 가격 수준을 파악해야 합니다. 그러면 전체적 평균 가격 수준을 가늠해볼 수 있습니다. 이후 예상 조합원 분양가도 가늠할 수 있습니다.

앞서 계산 결과에 따르면, 예상 조합원 분양가는 9억 1,700만 원(전용 84㎡)이 됩니다. 인근에 유사한 신축 아파트의 시세가 16억 5,000만 원~17억 원이라면, 차액은 약 7억 5,000만 원 내외가 되는 것입니다. 신축 아파트가 내 눈 앞에 실현되는 시점을 약 7년 후라고 생각해보겠습니다. 그리고 제2금융권 대출금리나 회사채(3년, BBB-) 금리 등을 참고해서 현재 가치 할인율을 10%라고 가정해보겠습니다. 그러면 프리미엄의 현재 가치는 다음과 같이 계산됩니다.

$$750,000,000 / 1.1^7 = 3억\ 8,500만\ 원$$

즉, 이 개발사업을 시행하면 현재로서는 약 3억 8,500만 원의 프리미엄이 예상되는 셈입니다. 이것이 정확하다고 말하기에는 부족하지만, 얼마의 이익이 예상되는지 개략적으로 검토할 수는 있을 것입니다.

주택정비사업은 집을 바꾸는 것일 뿐 아니라 그 지역을 바꾸는 일이기도 합니다. 이왕 사업을 추진한다면 지역의 특색을 살려서 독창적인 개발사업을 했을 때 더 의미가 있을 것입니다.

한 사례를 들어 볼까요? 군산시 신창동은 쇠락의 길을 걷고 있었습니다. 하지만 상인들은 주변에 위치한 110년이 넘는 긴 역사를 가진 군산

우체국 본점에 착안해 우체통 거리를 조성하기 시작한 것입니다. 처음에는 사람들에게 잘 알려지게 하기 위해 유명 만화 캐릭터들을 사용했지만, 저작권 문제가 발생했습니다. 또한 일제 수탈의 아픔이 있는 군산에 일본 애니메이션 캐릭터를 사용하는 것에 대한 논란도 있었습니다. 그래서 상인들은 우체통 위에 흰 페인트를 칠해 그림을 지웠고, 이번에는 각각의 상점에 맞는 캐릭터들을 그려 넣었습니다. 이를테면 안경집 앞에는 안경을 쓴 캐릭터가 있는 식입니다. 그리고 이는 우체통 거리만의 독특한 매력이 되어 더 많은 관광객이 몰려들게 되었습니다. 위기를 기회로 만든 것입니다.

군산의 우체통 거리 조성

출처: 인터넷 커뮤니티

어떤 지역을 떠올리게 만드는 요소를 꼽자면 흔히 특산품이나 관광명소가 대표적입니다. 하지만 딱히 두드러지는 요소나 자원이 없는 지역도 있을 수 있습니다. 이런 경우 주변에서 흔히 볼 수 없는 콘텐츠를 만들어야 할 것입니다. 예를 들어 지역 마스코트 하나가 그 지역에 대한 관심과 인지도를 높이는 역할을 할 수도 있습니다.

쿠마몬 캐릭터

출처: 쿠마모토 가이드

일본의 쿠마모토현 캐릭터인 '쿠마몬'은 곰을 뜻하는 일본어 '쿠마'와 사람을 뜻하는 지역 사투리 '몬'이 합쳐져서 만들어진 단어입니다. 2011년 오사카에서 쿠마모토까지 직행 고속철도가 개통되자, 쿠마모토현의 공무원들은 관광객 유치 방법을 모색했습니다. 그리고 캐릭터를 개발했습니다. 쿠마모토라는 지명에 '쿠마(곰)'라는 단어가 들어가는 것에 착안해 누구나 친근감을 느낄 만한 흑곰으로 캐릭터를 만든 것입니다. 일본 브랜드 종합 연구소의 조사 결과에 따르면 쿠마몬으로 인해 쿠마모토현의 인지도가 기존의 32위에서 18위로 올라갔다고 합니다. 이처럼 주변에서 흔히 볼 수 없는 콘텐츠를 만들어 브랜딩하면 지역의 가치, 개발사업의 가치를 높일 수 있습니다.

디에이치포레센트 커뮤니티 시설

출처: 한국경제 뉴스, 네이버 블로그(ICN1267의 이야기)

또한 플러스 알파가 되는 것으로, 소규모 아파트이기는 하지만 커뮤니티 시설을 잘 계획할 수도 있습니다. 서울 강남 일원동의 디에이치포

레센트는 가구 수가 184가구로 많지 않습니다. 하지만 옥상에 고급 커뮤니티(글램핑장 등)를 마련해서 화제입니다.

그러면 어떻게 사업 추진을 시작할 수 있을까요? 우선은 대상 지역과 사업 추진 절차에 대한 공부가 필요할 것입니다. 이후, 빌라 소유자들을 대상으로 안내문을 1장 분량으로 알기 쉽게 작성 후, 인쇄해서 우편함에 넣어둘 수 있습니다. 이중 몇몇 분들이 연락해 오면 단체 카톡방을 만들어 커뮤니티를 유지해나가야 합니다. 이후 한두 명씩 계속 단톡방에 초대해서 의견을 수렴할 수 있습니다.

임차인들의 경우는 사업 추진을 싫어하는 것이 보통이므로, 처음에는 소유자 전화번호를 알려주는 것을 거부할 수도 있습니다. 재산권이 관련되므로, 도의상 알려주는 것이 맞겠지만 법적으로는 어떻게 할 수 없는 부분입니다. 하지만 얼마간 시간이 경과한 이후 해당 빌라의 다른 소유자(겸 거주자)에게 전화번호를 알아내달라고 부탁할 수 있습니다. "우리 빌라 건물 외관 수리와 관련해서 협의할 것이 있다"라고 말하며 알려달라고 할 수 있을 것입니다.

대한민국의 경제적 수준이 높아졌습니다. 신축 아파트 등 쾌적한 주거공간에 대한 선호도가 매우 높아졌고, 또 구매력도 갖춰진 상황입니다. '이사 다니기 귀찮다', '분담금이 부담된다'는 등의 이유로 정비사업에 관심을 갖지 않는다면 어떻게 될까요? 젊은 층이 싫어하는 동네로 전락하게 될 것입니다. 결과적으로 내 재산의 가치를 지키지 못하게 되는 것입니다. 누구나 부동산 개발에 관심을 가져야 할 이유이기도 합니다.

4장

상가, 빌딩의 가치를
높이는 방법

상가 가치 분석 사례
- 방화동 상가

상가의 가치를 높이려면 우선 상가 가치를 잘 분석할 수 있어야겠지요. 방화동의 한 공매 사례를 통해 살펴보겠습니다.

방화동 공매 사례

물건정보	입찰이력

해당공고 보기 | 해당공고물건 보기

물건관리번호 : 2019-0700-078401 　　　물건상태 : 입찰준비중　공고일자 : 2021-09-06　조회수 : 89

[상가용및업무용건물 / 근린생활시설]

서울특별시 강서구 방화동 ▓▓ 방화동 ▓▓ 더스카이오피스텔 제지 ▓▓ 외 5개호 근린생활시설

[재공고] [매각] [인터넷] [기타일반재산] [일반경쟁] [최고가방식] [총액]

처분방식 / 자산구분	매각 / 기타일반재산
용도	근린생활시설
면적	토지 272.71㎡ / 건물 1,143.25㎡
감정평가금액	9,319,000,000원
입찰방식	일반경쟁(최고가방식) / 총액
입찰기간 (회차/차수)	2021-11-26 10:00 ~ 2021-11-26 16:00 (9/1)
유찰횟수	15 회
집행기관	주식회사 하나은행
담당자정보	신탁부 / 강경희 / 02-2002-2257

[📷 사진] [📷 360°] [🗺 지도] [📄 지적도]
[📍 위지도] [⭐ 감정평가서]

[입찰유형]
☐ 전자보증서가능　　☑ 공동입찰가능
☐ 2회 이상 입찰가능　☑ 대리입찰가능
☐ 2인 미만 유찰여부　☐ 공유자 여부
☐ 차순위 매수신청가능

최저입찰가(예정금액)	**4,016,000,000** 원

관심물건 등록

출처: 온비드

서울 강서구 방화동의 대로(개화로)변에 위치한 상가입니다. 공매에서는 무려 15차례 이상 유찰되었습니다. 1층의 여러 개 호실과 지하 부분이 공매 대상이었습니다.

공매 사례 평면도

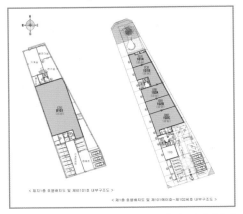

< 제지1층 호별배치도 및 제비101호 내부구조도 >

< 제1층 호별배치도 및 제101에이호~제102씨호 내부구조도 >

출처: 감정평가서

공매 사례 위치도

출처: 네이버 지도

우선 주변 환경부터 살펴볼까요? 서측에는 김포공항역과 롯데몰이 있고, 북동측으로는 9호선 공항시장역, 남동측 근거리에는 5호선 송정역이 위치해 있습니다. 또한 마곡지구와 가까우므로, 상가 외 건물 상층부의 경우 출퇴근 근로자를 위한 주거용 오피스텔 또는 소기업을 위한 업무용 오피스텔로 사용하기에는 괜찮은 입지로 생각됩니다. 그러나 우리가 평가해야 하는 것은 그런 관점의 입지가 아니라, 1층 상가로서의 입지입니다. 1층 상가로서 장사가 잘 되는 입지를 보려면 무엇을 보아야 할까요?

　먼저 기본적으로는 해당 상가에 맞는 업종이 입점할 수 있는지 법적 요건을 확인해야 합니다. 건축물대장을 확인합니다. 지하1층은 제1종 근린생활시설, 1층은 제2종근린생활시설로 되어 있습니다.

건축물대장

출처: 정부24

근린생활시설 중에서도 혹시 허용되지 않는 것이 있는지 확인하기 위해, 다음으로는 토지이용계획확인서를 봅니다.

토지이용계획확인서

소재지	서울특별시 강서구 방화동 ▨▨▨번지		
지목	대 ⓘ	면적	1,942 ㎡
개별공시지가(㎡당)	10,060,000원 (2022/01) [연도별보기]		
지역지구등 지정여부	「국토의 계획 및 이용에 관한 법률」에 따른 지역·지구등	근린상업지역 , 도시지역 , 준주거지역 , 중요시설물보호지구(공항) , <u>제1종지구단위계획구역</u> , 광로2류(폭 50m~70m)(접합) , 도로(접합)	
	다른 법령 등에 따른 지역·지구등	가축사육제한구역(지역경제과 확인 요망)<가축분뇨의 관리 및 이용에 관한 법률> , 도시기타용도지역지구기타(가로구역별건축물최고높이:건축과문의)<건축법> , 수평표면구역(수평표면)<공항시설법> , 상대보호구역(2014-09-26)(학교환경위생정화구역(강서교육지원청에 반드시 확인 요망)<학교보건법>)<교육환경 보호에 관한 법률> , 대공방어협조구역(위탁고도:77-257m)<군사기지 및 군사시설 보호법> , 과밀억제권역<수도권정비계획법>	

출처: 토지이음

다른 제한들은 토지에만 적용되지만, '지구단위계획'으로 구체적 업종을 제한해놓았을 수도 있습니다. 그리고 '상대보호구역'에서도 특정 업종이 제한될 수 있으니 확인이 필요할 것입니다. 먼저, 제1종지구단위계획구역에 대해서 확인해보겠습니다. 그 내용이 무엇인지 강서구청 홈페이지에서 '지구단위계획'을 검색합니다. 그러면 해당 지구단위계획에 대한 결정도면 그리고 결정내용을 찾아볼 수 있습니다. 도저히 못 찾을 경우에는 담당 공무원에게 전화해서 도움을 요청하면 됩니다.

지구단위계획 도면

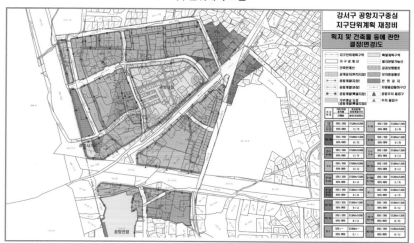

이 도면에서 보면 해당 토지는 서측 대로변에 접한, 오렌지색으로 칠해진 토지입니다. C구역에 해당함을 알 수 있습니다. 지구단위계획 시행지침을 찾아보면 C구역에 허용되지 않는 용도가 다음과 같이 나옵니다.

지구단위계획 시행지침(발췌)

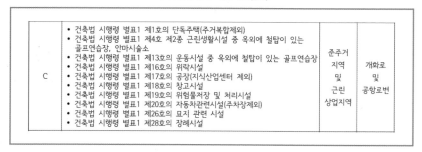

| C | • 건축법 시행령 별표1 제1호의 단독주택(주거복합제외)
• 건축법 시행령 별표1 제4호 제2종 근린생활시설 중 옥외에 철탑이 있는 골프연습장, 안마시술소
• 건축법 시행령 별표1 제13호의 운동시설 중 옥외에 철탑이 있는 골프연습장
• 건축법 시행령 별표1 제16호의 위락시설
• 건축법 시행령 별표1 제17호의 공장(지식산업센터 제외)
• 건축법 시행령 별표1 제18호의 창고시설
• 건축법 시행령 별표1 제19호의 위험물저장 및 처리시설
• 건축법 시행령 별표1 제20호의 자동차관련시설(주차장제외)
• 건축법 시행령 별표1 제26호의 묘지 관련 시설
• 건축법 시행령 별표1 제28호의 장례시설 | 준주거
지역
및
근린
상업지역 | 개화로
및
공항로변 |

여기서 두 번째 줄에 유의해서 보면, 대상물건은 '근린생활시설'인데, 1층 또는 지하 1층이므로, 옥외에 철탑이 있는 골프연습장은 해당사항이 없습니다. 결국, 안마시술소만 빼고 근린생활시설은 모두 허용된다고 볼 수 있습니다.

다음으로는 '상대보호구역'이라는 제한에 대해 살펴보겠습니다. 교육환경정보시스템(eeis.schoolkeepa.or.kr)의 '지리정보서비스'에 들어가서, 지번을 검색해서 지도를 살펴보겠습니다. 해당 건물 대부분은 방화중학교와 200m 이내로서 상대보호구역에 저촉됩니다.

교육환경보호구역 도면

출처: 교육환경정보시스템(eeis.schoolkeepa.or.kr) 지리정보서비스

그 부분에서는 게임방이나 비디오방 등 학생들에게 해로운 업종의 영업은 허용되지 않을 것이라고 짐작할 수 있습니다. 다만, 해당 건물의 남측 일부인 개화로와 공항로의 코너 부분 섹터는 상대보호구역에 해당하지 않습니다. 여기는 주변 지역에서 희소성이 있는 구역이라고 볼 수 있겠습니다. 이런 곳이 투자 가치가 있을 수 있습니다.

이렇게 법적 사항을 확인해보면, 해당 상가에 어떤 업종이 금지되는지를 알 수 있습니다. 그러면 그 업종은 빼놓고 생각해야 합니다. 그리고 건축물대장상 제1종 또는 제2종 근린생활시설'로 되어 있죠. 그러므로 가급적이면 근린생활시설로서 어떤 업종이 들어와야 적합한지 생각해 보아야 합니다. '근린생활시설' 외 기타(판매시설, 업무시설, 교육연구시설 등)용도로 사용하려면 용도변경이 필요하기 때문입니다.

용도변경은 쉽지 않습니다. 변경하려는 용도의 건축기준에 맞아야 하기 때문입니다. 예를 들어, 대상 부동산(근린생활시설)을 판매시설로 변경하려고 한다고 생각해보겠습니다. '주차장법 시행령' 별표1에서는 근린생활시설의 경우 시설면적 200㎡당 1대를 설치하도록 규정하고 있습니다. 그러나 판매시설은 시설면적 150㎡당 1대를 설치하도록 하고 있습니다. 그렇다면 대상 건물 전체에 설치된 주차장 대수는 용도변경 이후에도 이 규정에 어긋나지 않게 될까요? 이러한 점을 검토해보아야 하는 것입니다. 주차장에 관련된 규정만 검토하면 끝이 아닙니다. 사람이 많이 모이는 시설은 피난시설 설치 등 안전과 관련된 건축기준들이 강화되므로 이에 대한 검토도 필요합니다(용도변경이 쉽지 않으므로, 용도변경이 가능한 경우 부동산의 가치를 높일 수 있는 가능성이 많습니다). 그러므로 우선 대상 상가를 근린생활시설로 사용하는 것을 가정해서 생각해보겠습니다. 근린생활시설이라고 하면 편의점, 세탁소, 미용실, 의원, 소형 체육도장, 음식점, 학원 등을 생각할 수 있을 것입니다('건축법 시행령' 별표1제3호, 제4호 참조).

사실 여기까지는 아주 기본적인, 법적 사항의 확인입니다. 사실 굳이 확인하지 않아도 어느 정도는 짐작이 가능한 사항이지만, 만전을 기하기 위한 것입니다. 상권 분석은 이제부터입니다. 해당 상가를 이용할 만

공매 사례 주변 지도와 로드뷰

출처: 네이버 지도, 로드뷰

한 주변의 고정고객과 유동인구의 흐름을 분석해야 합니다. 먼저 해당 상가를 이용할 만한 주변의 고정고객은 누가 있을까요? 해당 상가 위층에 소재한 '더스카이 오피스텔'에 거주하는 사람들이 있을 것입니다. 하지만, 이웃 오피스텔(에어팰리스 오피스텔, 방화 투웨니퍼스트, 벤처아르빌2, 공항타워팰리스 오피스텔3)에 사는 사람들은 해당 상가를 쉽게 이용할 수 있을까요? 다음과 같이 로드뷰로 보면, 후면 도로에서 해당 1층 상가로 직접 진입할 수 있는 입구는 없습니다. 좌측에 보이는 1층 홀로 진입해 돌아서 들어가든지, 대로변 쪽의 입구로 들어가야 합니다. 후면 도로에서는 눈에 잘 띄지 않습니다.

그러므로 주변에 사는 사람들이 해당 상가를 이용하려고 올 일은 대체적으로 많이 없을 것입니다. 그러니 편의점(CU)이 안쪽의 에어팰리스 오피스텔 1층에 위치해 있는 것이 납득이 갑니다. 주변에 거주하는 사람들이 굳이 슬리퍼를 끌고 멀리 나가지는 않습니다. 1m라도 가까운 곳을 가려고 할 것입니다. 편의점 점포 개발자라도 본 건의 건물보다는 당연히 에어팰리스 오피스텔의 1층을 택할 것입니다.

그러면 해당 상가를 이용할 만한 유동고객은 누가 있을까요? 맨 처음에 나왔던 지도를 다시 잘 살펴보겠습니다. 이 지역에 사는 사람들이 어디로 움직일지 생각해보아야 합니다. 본 건물은 사람들이 지하철역이나 버스정류장, 공항시장으로 가기 위한 주 동선상에 있지 않습니다. 지나다니는 사람이 별로 없습니다. 그러면 해당 1층 상가는 대로변에 위치하므로 지나다니는 차들은 많지 않을까요? 그 장점을 살려서, 주차가 편리한 대형 음식점 같은 것을 하면 좋지 않을까요? 로드뷰를 통해 보면 키 큰 가로수들이 심겨져 있고 펜스가 쳐져 있으므로, 대로변에서 해당 상가로 직접 진입할 수가 없습니다. 이걸 관청의 허가를 받아서 일부 철거하고, 바로 진입할 수 있도록 하면 대형 음식점 같은 걸 할 수 있지 않을까요? 그러나 안타깝게도 이것도 여의치는 않아 보입니다.

공매 사례 물건 전면 로드뷰

출처: 네이버 로드뷰

공매 사례 지구단위계획 상세 도면

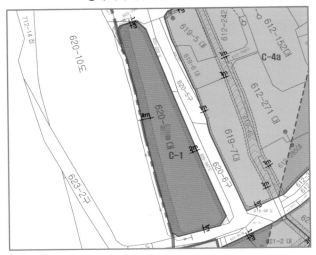

출처: 강서구청 홈페이지

이 지구단위계획구역의 도면에 보면, 해당 토지가 대로변과 접한 부분에 분홍색 실선과 X자가 표시되어 있는 것을 볼 수 있습니다. 이 실선의 의미에 대해서, 해당 지구단위계획의 내용에 보면 다음과 같은 것을 볼 수 있습니다.

지구단위계획 시행지침(발췌)

제39조 (차량출입불허구간)
① 지구단위계획에서 정한 차량출입 불허구간에서는 차량출입이 원칙적으로 허용되지 아니한다.
② 공동개발의 방식변경 등에 의하여 부득이하게 차량출입불허구간에서 차량의 출입이 변경되어야 할 경우 구 도시계획위원회 심의를 거쳐 이를 변경할 수 있다.
③ 간선도로와 접한 필지에 대하여는 지구단위계획에 따라 이면도로로부터 진출입로를 확보할 때까지 한시적 이용을 전제로 건축허가시 조건부로 간선도로에서 직접 차량 진출입을 허용할 수 있다.
④ 도면표시

차량출입불허구간   

출처: 강서구청 홈페이지

이 표시는 '차량출입불허구간'에 대한 표시였습니다. 진입로를 만드는 것이 허용되지 않습니다. 주차 편의성이 다소 떨어지고, 가로수에 의해서 가시성도 저해됩니다. 그러므로 고깃집 같은 대형 음식점도 들어오기가 쉽지 않아 보입니다. 물론, 고급 카페나, 일반 소형 업무시설 등은 들어올 수도 있어 보입니다. 그러나 가시성 등이 좋지 않아서, 결과적으로 임대료 수준은 상층부의 일반 사무실보다 조금 더 높은 수준에 머물지 않을까 싶습니다.

그럼 이제 임대료 수준을 가늠해보겠습니다. 네이버 부동산 월세 매물을 봅니다. 이 건물 바로 남측에 위치한 1층 상가의 월세가 전용면적 1㎡당 약 1만 5,000원 수준입니다. 비슷한 입지의 일반층 소형 사무실 월 임대료는 1㎡당 약 1만 2,000~1만 5,000원 수준입니다.

주변 1층 월세 매물

출처: 네이버 부동산 매물

주변 사무실 월세 매물

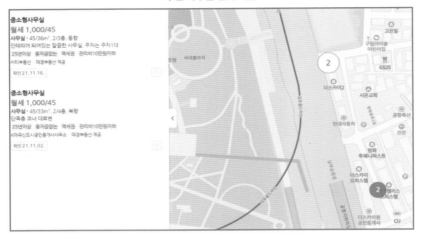

    그렇다면, 이 건물 1층의 경우에도 잘 받아 보아야 전용면적 기준으로 약 1만 8,000원/㎡ 정도 될 것으로 예상됩니다. 그렇다면 1층 101호의 경우 전유면적이 약 80㎡이므로, 월세 예상액은 약 150만 원입니다. 수익률을 4%로 잡아 가치를 판단하면, (150만 원×12개월)/4%=약 4억 5,000만 원이 됩니다. 보증금을 3,000만 원 정도 합쳐 계산한다고 해도 적정 시세는 4억 8,000만 원입니다. 감정가격(10억 3,300만 원)의 반도 안 되네요. 어떻게 감정평가를 했길래 이런 결과가 나올까요? 감정평가서를 보겠습니다. 감정평가서에서는 거래 사례 비교법을 사용해서 평가했는데, 다음의 사례를 선정했습니다. 다행히 지번과 호수가 공개되어 있네요. 바로 옆입니다. 아까 언급했던, 우측의 편의점 자리가 거래 사례로 추정됩니다.

감정평가에 사용했던 거래 사례

기호	소재지	건물명	동/층/호	전유면적 (㎡)	대지권 (㎡)	거래금액 (원)	거래단가 (원/㎡)	거래시점
								사용승인일
1	방화동		-/ 1/101	44.4	12.59	480,000,000	10,810,810	2019.09.18
								2013.03.11

출처: 감정평가서

감정거래 사례의 로드뷰 사진

출처: 네이버 지도 로드뷰

거래 사례 주변의 고정고객이 될 만한 오피스텔 세대수를 보면, 공항타워팰리스 오피스텔3이 63세대, 에어팰리스 오피스텔이 126세대, 더스카이 오피스텔이 192세대, 벤처아르빌2가 81세대, 벤처오피스텔이 88세대이니 총 550세대가 됩니다. 아파트 거주민들은 오피스텔 거주민들보다 대형마트 이용 빈도가 더 높습니다. 그래서 상대적으로 이용 빈도에 있어서는 오피스텔 거주민들이 더 편의점 매출을 많이 올려줍니다. 그래서 대개 아파트의 경우는 500세대쯤 되어야 편의점 하나를 먹여 살립니다. 반면 오피스텔의 경우 300세대만 되어도 편의점 하나를 먹여 살린다고 합니다. 그런데 이 거래 사례는 오피스텔 550세대가 고정고객이니 편의점으로서 아주 괜찮습니다.

거래 사례와 유사한 월세 매물

일반상가
월세 1,000/90
상가 · 22/22㎡, 1/9층, 남서향
오피스텔밀집상권.도로변1층.유동인구많은자리.대부분업종가능
25년이내 융자금없음 역세권 1층
승리부동산공인중개사사무소   부동산써브 제공
확인 21.11.08.

출처: 네이버 부동산 매물

마침 같은 편의점이 있는 건물의 다른 상가가 월세 매물로 나왔는데, 전유면적 1㎡당 약 4만 원 수준입니다. 아마 편의점의 매출 정도를 고려해서 이 정도 수준의 매물이 나오지 않았나 하는 생각이 듭니다. 평가 대상 1층의 임대 시세를 전유면적 1㎡당 약 1만 8,000원으로 잡았었습니다. 그렇다면 거래 사례의 임대 시세에 대비해서 평가 대상 1층 임대 시세는 반 가격조차 되지 않는다고 볼 수 있겠습니다. 그러나 감정평가서에 보면 평가 대상 1층이 사례보다 13.9% 우세한 것으로 평가했습니다. 이러니 고평가될 수밖에 없었겠지요. 평가자로서는 본 건이 대로변이니 더 우세하겠거니 하고 평가했을 것입니다. 하지만 정말 제대로 조사한 것인지 심각한 의문이 듭니다.

상가의 가치는 결국 임대료에 좌우되고, 임대료는 해당 점포의 매출

에 좌우됩니다. 해당 점포에서 장기적으로 최대의 매출을 낼 수 있는 것이 무엇인지 검토하고, 다양한 사례들과 비교해보시기 바랍니다. 그래서 월세를 얼마 받을 수 있을 것인가를 판단해보시기 바랍니다. 그리고 나서 매매 가격이 월세의 몇 배 수준 정도로 형성되는지 조사해서, 상가의 가치를 평가하는 것이 최선일 것입니다.

감정평가서의 개별 요인 비교표

[대상물건 일련번호(나)/비교사례 기호(1)]

조건	세부항목	검토의견	격차율
외부요인	고객의 유동성과의 적합성	대상물건은 비교사례대비 고객의 유동성과의 적합성, 차량이용의 편의성 등에서 우등함.	1.15
	도심지 및 상업 · 업무시설과의 접근성		
	대중교통의 편의성(지하철, 버스정류장)		
	배후지의 크기		
	상가의 성숙도		
	차량이용의 편의성(가로의 폭, 구조 등)		
건물요인	단지내 주차의 편리성	상호 대등함.	1.00
	건물전체의 공실률		
	건물의 관리상태 및 각종 설비의 유무		
	건물전체의 임대료 수준 및 임대비율		
	건물의 구조 및 마감상태		
	건물의 규모 및 최고층수		
호별요인	층별 효용	대상물건은 비교사례대비 전유부분의 면적 등에서 열등함.	0.99
	위치별 효용(동별 및 라인별)		
	주출입구와의 거리		
	에스컬레이터 및 엘리베이터와의 거리		
	향별 효용		
	전유부분의 면적 및 대지권의 크기		
기타요인	기타 가치에 영향을 미치는 요인	상호 대등함.	1.00
개별요인 비교치			**1.139**

출처: 감정평가서

고객의 주동선을
분석하라

사례 지역 위치도

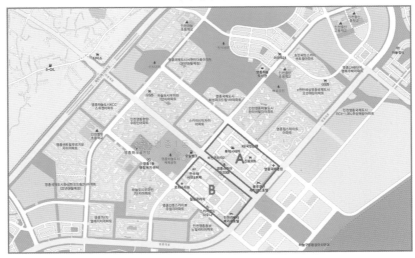

출처: 네이버 지도

　상가의 가치를 판단하기 위해서는 다양한 사례들과 비교해보는 일이
필요하죠. 그러기 위해서는 대상물건뿐만 아니라 사례물건의 특성도
판단할 수 있어야 합니다. 그러려면 주동선을 파악하는 것이 중요합니

다. 방화동 상가 공매 사례를 통해 살짝 살펴보았지만, 다른 예를 통해 더 살펴보겠습니다.

먼저 신도시인, 인천 중구 중산동(영종도)의 사례를 보겠습니다. 이 지역은 지하철역도 없고, 바닷가가 가깝기는 하지만 해수욕장이 아니므로 관광객이 그리 많지도 않습니다. 그러므로 아파트 주민들만이 중심 상권의 수요자가 될 것입니다. 다양한 사례들을 분석하려면, A지역과 B지역 중 어느 상권이 더 좋은지도 알아야겠죠? A, B중 어느 지역이 더 우세할까요? A지역에 인접한 아파트 단지들은 A지역 북서측, 북측, 북동측에 자리잡고 있습니다. B지역에 인접한 단지들은 남서측에 자리잡고 있죠. 어느 단지들의 규모가 더 큰가요? A지역을 이용하는 단지들이 더 커 보입니다. 지도에서 세대수를 파악해보면 A지역에 인접한 세대수는 약 4,700세대이고, B지역은 약2,900세대입니다. 따라서 A지역에 위치한 상가들이 전반적으로 더 우세할 것이라고 판단할 수 있습니다. A지역 중에서는 다음 a, b, c 중 어디가 1등 입지일까요? 당연히 a일 것입니다. a는 사람들이 가장 많이 다니는 주 동선상에 위치합니다.

그리고 북측 2개 아파트 단지 정문에서 접근성이 우수합니다. 그러면 b와 c 중에서는 어디가 더 우세할까요? c는 남동측 대로변에 위치하기는 하지만 아파트 단지 정문에서의 가시성과 접근성이 b에 미치지 못합니다. 또, 자세히 보면 남동측 대로변에서 c로 직접 진입이 가능한 것도 아닙니다. 그러므로 같은 1층이라면 당연히 c보다 b를 선호할 것입니다. 다만, 고층 부분이라면, 현재로서는 c건물 고층에서 남동측으로 바다 조망이 가능할 것입니다. 그래서 고층 부분을 사무실로 사용하고자 한다면, a, b보다 c를 더 선호할 수도 있습니다. 그렇지만 남동측으로 건물들이 들어설 계획이므로 향후 조망의 우수성이 줄어들 것으로 생각됩니다.

사례 지역 위치도

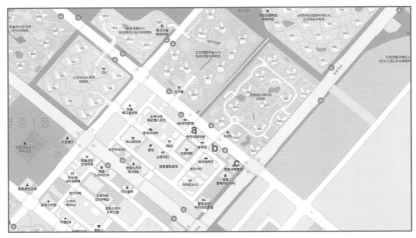

출처: 네이버 지도

고객의 주 동선

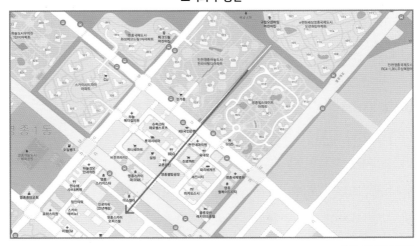

출처: 네이버 지도

특별한 테마가 없는 신도시의 경우 이처럼 고정인구의 동선만 분석하면 됩니다. 하지만 유동인구 즉, 다른 지역에서 와서 소비를 하는 사람들의 주 동선 파악이 더 중요한 경우도 있습니다. 서울시 망원동의 사례를 살펴보겠습니다.

망원동 지역 위치도

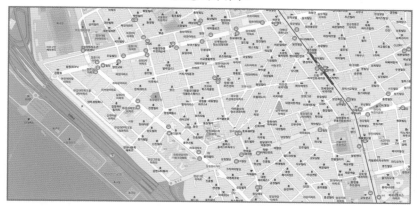

출처: 네이버 지도

이 지역의 고정인구는 집 주변에서 소비를 하게 될 것입니다. 즉, 제각기 동선이 형성될 것이므로 특별히 분석할 것이 없어 보입니다. 중요한 것은 유동인구입니다. 유동인구의 움직임은 어떨까요?

지도의 붉은색 화살표와 같이, 망원역에서 한강공원으로 향하는 흐름이 많을 것입니다. 한강공원에서 망원역으로 향하는 동선은 그 반대가 될 것입니다. 붉은색 선 주변으로는 상권이 형성될 수 있습니다. 반대로 푸른색 선 안의 지역은 그에 비해 상권 형성 정도가 약하게 될 것입니다(물론 일반 사무실이나 주택으로 사용할 것이라면 상관이 없습니다). 이처럼 주

망원동의 주동선

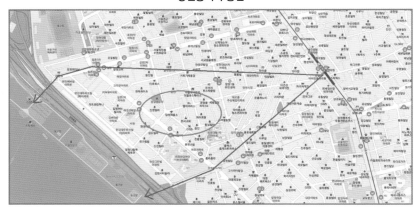

출처: 네이버 지도

동선만 잘 파악을 하면 어디가 상업지로서의 가치가 높은지 알 수 있고, 사례와 대상물건을 비교할 때 유용합니다. 물론 상권은 변할 수 있습니다. 고객들을 끌어모을 수 있는 특정 시설이 새로 생긴다면 주 동선도 변할 수 있습니다. 그러므로 앞으로 긍정적인 변화가 예상되는 곳을 선점하는 것도 상가 투자의 한 방법입니다.

업종을
변경하라

새로운 사업이 상가 가치를 높일 수 있다

부동산 가치를 높이는 창업아이템에는 여러 가지가 있지만, 그중 한 가지로 유튜브 '행크TV'에서 음악연습실이 소개되었습니다. 약 50평의 공간에 인테리어비는 약 9,000만 원, 14개의 방을 구비하고 있고, 방당 임대료는 월 30만 원, 임차료와 관리비와 각종 경비는 월 150만 원 내외이니 월 순수익이 약 300만 원 정도 되었습니다. 배후세대는 5,000세대 정도를 확보해야 하며, 경쟁업체가 쉽게 들어오지 못하도록 방음과 편의성에 신경을 써야 한다고 합니다. 사람들의 문화수준이 높아질수록 음악 연습실에 대한 수요도 높아져갈 것이니, 유망한 창업 아이템이라고 생각됩니다. 상가 주인이 이런 아이템을 직접 생각해내서 운영한다면 상가의 가치를 높이는 일이 될 것입니다. 그러므로 경영 서적, 창업박람회 등을 통해 항상 다양한 사업 아이디어를 얻도록 노력할 필요가 있습니다.

다른 지역 맛집에 가서 '우리 동네에도 이런 집이 있으면 좋을 텐데!' 하는 생각이 든 적이 있을 것입니다. 해당 지역 주민들에게는 무엇이 필요한지 생각하고 검색해보는 것도 좋은 방법입니다. 네이버 지도에서 특정 시설, 예를 들어 '야구 연습장'을 검색하면, 화면에 보이는 지도 내에서 시설 위치를 보여줍니다. 이후 지도의 범위를 바꾸면, '현 지도에서 검색'을 다시 클릭해서 바뀐 범위에서 시설 현황을 알 수 있습니다.

지도에서의 업종 검색

출처: 네이버 지도

구분상가의 경우, '관리규약'에 의한 업종제한을 확인하라

직업선택의 자유나 자유로운 경쟁을 지나치게 제한하는 경우가 아닌 한 집합상가 관리규약에 의한 업종제한은 가능합니다(대법원 판례 2011다 79258, 2004다2243 등 참조). 따라서 집합상가 매수자는 관리규약도 살펴보아야 합니다.

상가관리규약을 설정·변경·폐지하려면 관리단집회에서 구분소유자의 75% 이상 및 의결권(지분비율)의 75% 이상의 찬성을 받아야 합니다(서면결의의 경우 각각 80%). 또한 이러한 규약의 변경(또는 설정·폐지)이 특정 구분소유자의 권리에 특별한 영향을 미칠 때에는 그 구분소유자의 승낙까지도 받아야 합니다('집합건물의 소유 및 관리에 관한 법률' 제29조 및 제41조 참조). 상당히 어려운 일이죠.

다만, 관리규약이 있다고 하더라도 업종변경은 생각보다 어렵지 않을 수 있습니다. 상당수 상가의 경우, 처음에 분양될 당시의 관리규약에서 정한 업종제한이 상당히 느슨할 수 있습니다. 예를 들어, 단순히 '업종변경을 하기 위해서는 문서로서 관리단의 승인을 얻어야 한다'고만 규정되어 있을 수도 있습니다(사례: 서울고등법원 2000나37779 참조). 물론 이 경우 업종변경승인을 결정할 때 기존 점포에 현저한 손해가 발생하지 않도록 해야 할 의무는 있을 것입니다.

건축물을 용도변경해야 할 수도 있다

업종변경을 해야 한다고 해서 반드시 건축물 용도변경을 해야 하는 것은 아닙니다. '건축법'상 같은 시설(예를 들면 제2종 근린생활시설)에 해당할 수 있으니까요. 그러나 건축물 용도변경이 필요한 경우도 있습니다.

예를 들어보겠습니다. 유흥업소는 '건축법'상 '위락시설'에 해당하므로, 유흥업소를 '근린생활시설'로 변경하려면 건축물 용도변경 신고가 필요합니다. 그 반대의 경우 허가가 필요하죠('건축법' 제19조 참조). 특히 유흥업소의 경우 세금이 많이 나오므로 주의할 필요가 있습니다.

일반적으로 상가 등 농지 외의 부동산을 매입하면 4.6%의 세율로 취득세를 내야 합니다. 그러나 도박장, 유흥주점영업장, 특수목욕장, 카바레, 나이트클럽, 디스코클럽, 룸살롱, 요정 등은 취득세가 3배로 중과됩니다. 다만, 취득일로부터 60일 이내에 그 이외 용도로 사용하거나, 용도변경공사를 착공하는 경우는 제외됩니다('지방세법' 제13조제5항제4호, 동법 시행령 제28조제5항 참조).

재산세도 중과됩니다. 일반 상가나 사무실 등에 대한 재산세 세율은 통상 0.25%인 반면 골프장, 고급오락장용 건축물은 4%입니다. 무려 16배 높은 세율이 적용됩니다('지방세법' 제111조제1항제2호가목). 국민생활의 건전화 차원에서 사치 및 낭비적인 풍조를 억제하고, 한정된 자원의 비생산적 투입을 규제하기 위한 방침입니다.

하수도원인자부담금을 주의하라

상가 건물의 용도변경 또는 업종을 변경하려는 경우에는 '하수도원인자부담금'이 나올지의 여부를 관련 관청에 확인해보아야 합니다. 이 부담금은 건축주가 최초로 납부하고, 이후 건축물을 용도변경하거나 증축하거나 업종이 변경되는 경우 부과됩니다. 부담금을 납부하지 않으면 건물 용도변경이 되지 않거나, 영업주에게 허가증이나 등록증, 신고증 등이 나오지 않습니다.

예를 들어 사무실을 음식점으로 변경하는 경우 중 특정한 경우, 건물에서 발생하는 오수처리에 더 많은 비용이 발생되겠죠? 그러므로 공공하수도관리청은 원인자부담금을 부과하게 됩니다. 많이 나오면 수천만 원이 될 수도 있으니 상가 투자 시 유념해야 할 것입니다(관련규정인 '하수도법' 제61조, 각 지자체별 하수도 사용조례, 환경부고시 '건축물의 용도별 오수발생량 및 정화조 처리대상인원 산정방법'을 참조).

또한 하수시스템으로 바로 오수를 내려 보내지 않는, 즉 정화조가 있는 건물의 경우는 더 주의해야 합니다. 정화조 용량에 비해서 오수를 많이 유발하는 업종이 들어오게 되면 정화조 청소를 더 자주 해야 합니다. 정화조 용량에 따라 입점이 불가능할 수도 있습니다.

 알아둡시다! **상가 경매 낙찰자가 부담하는 체납관리비의 범위**

'집합건물의 소유 및 관리에 관한 법률'
제18조(공용부분에 관해서 발생한 채권의 효력) 공유자가 공용부분에 관해서 다른 공유자에 대해서 가지는 채권은 그 특별승계인에 대해서도 행사할 수 있다.

상가 점포의 공용부분 관리를 위해 발생한 관리비는, 점포 구분소유자가 다른 사람에게 자신의 점포를 매각했더라도, 그 점포 매수인에게 청구할 수 있는 것입니다(대법원 2001. 9. 20 선고 2001다8677판결). 다만, 이 경우 전유부분의 체납관리비는 특별승계인(경매의 경우 낙찰자)에게 청구할 수 없습니다.
여기에서 공용부분의 관리비에는 어떤 것이 포함될까요? 입주자 전체의 공동의 이익을 위해, 즉, 집합건물을 통일적으로 유지·관리해야 할 필요성이 있어 일률적으로 지출하지 않으면 안 되는 성격의 비용이 포함됩니다. 그러면 비용의 성격이 애매한 경우는 어떨까요? 즉, 입주자 각자의 개별적 이익을 위해서 현실적·구체적으로 명확하게 구분될 수 있는 것이 아니라면 어떨까요? 모두 공용부분의 관리비에 포함되는 것으로 볼 수 있습니다(대법원 2006. 6. 29 선고 2004다3598판결).
예를 들어 일반관리비, 소독비, 장부기장료, 청소비, 화재보험료, 수선유지비 등은 공용부분의 관리비로 볼 수 있습니다. 반면 세대별 난방비, 일괄계약에 의한 유선방송료 등은 전용부분 관리비로 볼 수 있을 것입니다.

관리비 납부 연체료는 어떨까요? 연체료는 위약 '벌'의 일종입니다. 그러므로 특별승계인(낙찰자)이 체납된 공용부분 관리비를 승계한다고 해서 연체료까지 승계하는 것은 아닙니다.

또한 관리단이 낙찰자에 대해서 체납관리비를 징수하기 위해 불법적으로 사용 방해를 했다면 어떨까요? 즉, 단전·단수 및 엘리베이터 운행정지 등으로 인해서 구분소유자가 건물을 사용하지 못했다면 어떨까요? 그 구분소유자로서는 그 기간 동안 발생한 관리비채무를 부담하지 않는다고 보아야 할 것입니다.

오래된 오피스빌딩의
가치를 높이는 아이디어들

그린리모델링

청연빌딩 전경

출처: 네이버 지도 로드뷰

《제로에너지 그린리모델링》(김학건 외, 2019)이라는 책에 의하면, 강남의 '청연빌딩'에 그린리모델링을 시행한 결과, 일반적으로 리모델링할 비용보다 약 11%의 공사비 상승이 있었다고 합니다(당시 일반적 전면 리모델링비는 3.3㎡당 약 420만 원, 그린리모델링은 3.3㎡당 약 470만 원이었습니다). 법적 기준 이상의 성능 향상을 위해 추가된 단열재, 외부차양, 폐열회수환기장치, 원격검침계량기, 신재생에너지설비에 추가 비용이 들었습니다. 에너지 절감으로 인한 투자비용 회수 소요기간은 일반적 리모델링의 경우 약 17년, 제로에너지 그린리모델링은 약 19년이 소요된다고 합니다. 물론 리모델링으로 인한 쾌적성 향상과 부동산 가치 상승은 별도입니다. 관리비가 절감되기 때문에, 임차인들이 좋아하는 업무공간이 되는 것입니다.

이 정도라면 일반적인 리모델링과 비용에서 현저한 차이는 없습니다. 하지만 임차인들은 분명 관리비 절감 효과를 누릴 수 있습니다. 그린리모델링으로 인한 차별성이 입소문이 나면 오랫동안 높은 임대료를 받을 수 있을 것입니다. 결론적으로 이 책의 필자는 그린리모델링 건축물에 도전해볼 만하다고 말합니다.

가시성을 높인다

칙칙하고 오래된 건물을 강렬한 색으로 리모델링하는 등, 멀리서도 눈에 띄는 색을 사용해서, 건물의 가시성을 향상시키면 임차인의 입점 문의가 증가할 수 있습니다. 상업용뿐 아니라, 업무용으로 사용하고자 하는 임차인 역시, 고객들의 눈에 잘 띄는 건물을 더 좋아할 것입니다. 손님들이 찾아오기가 더 편할 테니까요. 이는 결국 빌딩 가치의 상승으로 이어집니다.

엘리베이터 설치

오래된 건물을 리모델링할 때 엘리베이터를 설치하면 받을 수 있는 임대료가 올라가니 건물 가치도 올라갑니다. 그런데 법정 건폐율과 용적률이 이미 꽉 찬 건물에도 엘리베이터를 추가 설치할 수 있는지가 의문입니다. '건축법 시행령' 제119조제1항제2호다목8에서는 '장애인·노인·임산부 등의 편의증진 보장에 관한 법률 시행령' 별표2의 기준(일부 발췌한 내용을 다음에 실었습니다)에 따라 설치하는 '장애인용 승강기'는 건축면적에 산입하지 않도록 규정하고 있습니다.

6. 장애인 등의 통행이 가능한 계단, 장애인용 승강기, 장애인용 에스컬레이터, 휠체어리프트 또는 경사로	(가) 장애인등이 건축물의 1개 층에서 다른 층으로 편리하게 이동할 수 있도록 그 이용에 편리한 구조로 계단을 설치하거나 장애인용 승강기, 장애인용 에스컬레이터, 휠체어리프트(신축하는 경우에는 수직형 휠체어리프트를 설치하여야 한다) 또는 경사로를 1대 또는 1곳 이상 설치하여야 한다. 다만, 장애인등이 이용하는 시설이 1층에만 있는 경우에는 그러하지 않다.
	(나) (가)의 건축물 중 6층 이상의 연면적이 2,000㎡ 이상인 건축물(층수가 6층인 건축물로서 각 층 거실의 바닥면적 300㎡ 이내마다 1개소 이상의 직통계단을 설치한 경우를 제외한다)의 경우에는 장애인용 승강기, 장애인용 에스컬레이터, 휠체어리프트(신축하는 경우에는 수직형 휠체어리프트를 설치하여야 한다) 또는 경사로를 1대 또는 1곳 이상 설치하여야 한다.

오래된 건물에는 이러한 승강기가 설치되지 않았겠죠? 그러니까 그런 건물에는 장애인들도 이용 가능한 다소 큰 '장애인용 승강기'를 설치하면 된다는 이야기입니다. 장애인용 승강기로 인정받을 수 있는 상세 기준은 '장애인·노인·임산부 등의 편의증진 보장에 관한 법률 시행규칙' 별표1 9호에서 규정하고 있습니다(내용이 길어 게재는 생략합니다). 대개 13~15인용 이상의 엘리베이터가 이 규정을 충족합니다. 충족 여부 등은 엘리베이터 제조사에 문의할 수 있습니다.

공유 오피스

세계적인 기업인 구글은 대표적인 스마트 오피스 공간 디자인을 가지고 있습니다. 그중에서도 구글 텔아비브 오피스는 친환경적인 사무실 분위기를 잘 구현한 것으로 유명합니다. 협업과 아이디어의 공유를 위해 50%가 넘는 공간이 직원들의 커뮤니케이션 공간으로 활용되었습니다. 소통공간과 사무실은 명확히 분리되어 근로자의 집중력을 위한 근무환경을 조성했습니다. 이곳에서는 사무실이 곧 휴양지이고, 자유롭고 창조적인 공간입니다. 이런 곳에서는 자유로이 일하고, 때로는 야근도 즐거이 할 수 있을 것 같습니다. 한 층의 전부를 쓰고 있는데, 가운데는 업무공간으로, 도시의 경관이 보이는 바깥쪽은 휴게공간이나 식당, 또는 소통공간으로 활용하고 있습니다. 이런 공간을 100% 구현하지는 못하더라도, 좀 더 쾌적한 공간을 만들기 위해 아이디어를 낼 필요가 있습니다. 저는 미끄럼틀이 마음에 듭니다. 어린이가 아니지만 직원들이 잠시나마 긴장을 풀고 이동할 수 있게끔 마련을 한 것 같습니다. 정말 편안한 공간을 만들어내고 있습니다.

텔아비브 구글 오피스의 내부 사진

출처: 인터넷 커뮤니티

마침, 주택도시보증공사(HUG)에서 운영하는 '기금도시재생포털'에서는 공유오피스 사업자에게 저리로 대출을 실시하고 있습니다(https://en-huf.molit.go.kr). 단, '도시재생활성화지역' 내에 위치해야 합니다. 또한 어느 지역이 해당 지역인지는 각 지방자치단체에 문의할 수 있습니다. 도시재생종합정보체계(www.city.go.kr)에서도 도시재생활성화지역 선정 현황에 관한 정보를 얻을 수 있습니다.

공동협업공간(공동작업실 또는 공유오피스로서 이와 부대되는 교육공간, 회의실, 라운지, 전시·판매공간 등 공동으로 이용되는 시설을 포함)을 조성하려는 사업자에게 '공동협업공간 조성자금'을 저리(2022년 홈페이지 안내 기준 연 1.9%)로 융자해주고 있습니다(총사업비의 최대 80%).

또한 상가 신축·리모델링을 준비하는 법인 또는 개인사업자에게 '상가 리모델링 자금'을 저리융자해주고 있습니다(2022년 홈페이지 안내 기준 연 1.9%, 총사업비의 최대 80%) 이 밖에도 생활SOC(생활 밀착형 사회기반시설)를 조성하는 사업자, 도시재생활성화 지역 내에서 창업을 추진해서 업무공간을 마련하려는 사업자, 도시재생활성화지역 내에서 임대상가를 조성하는 사업자들에게 저리로 대출해주고 있습니다.

　이런 훌륭한 제도는 2015년 1월 1일부터 시행된 '도시재생 활성화 및 지원에 관한 특별법' 제27조에 근거한 것입니다. 형태는 변하겠지만 계속적인 지원이 있을 것으로 보입니다.

열악한 상업공간의
가치를 높이는 아이디어들

공간의 재창조

1층 상가 중 대표적인 업종으로 카페가 있습니다. 카페는 커피를 파는 곳이기도 하지만, 공간을 제공하는 곳이기도 합니다. 공간을 소비하는 고객들에게 콘텐츠를 만들어주어야 합니다. <커피 스페이스>라는 잡지가 있습니다. 다양한 공간적 아이디어를 볼 수 있어 좋습니다. 부동산 투자에 있어서는 공간을 재창조해서 가치를 창출하는 것이 중요합니다.

다른 예도 보겠습니다. <한국경제신문> 2021년 6월 21일자 헤드라인에는 '코로나 뚫은 장사의 신, 5가지가 달랐다'라는 기사가 실렸습니다. 그 5가지는 공간의 재창조, 끊임없는 공부, 기본에 충실, 직원에 투자, 과감한 변신이었습니다. 특히 부동산의 가치와 직접적으로 관련된 것은 첫 번째인 '공간의 재창조'입니다. 해당 기사에서는 그 예로 서울 익선동에 위치한 '온천집'과 김포에 위치한 '뱀부15-8' 등을 예로 들었습니다.

온천집은 가게 중앙에 야외 정원과 일본 온천을 구현했습니다. 실제

익선동 온천집 내부	김포시 뱀부 15-8

출처: 네이버 플레이스

온천은 아니지만, 실제 온천처럼 수면 위로 모락모락 피어오르는 김과 대나무로 만든 수로가 온천 감성을 불러일으킵니다. 정원과 식당 바닥에는 흰 조약돌을 깔아 눈이 온 듯한 느낌을 주었습니다. 정원 면적은 가게 전체 면적의 3분의 1 이상을 차지합니다. 손님들은 따뜻하고 정겨운 느낌을 받고 갑니다.

뱀부 15-8은 매장 곳곳에 대나무 700그루를 심어 힐링 공간을 만든 카페 겸 레스토랑입니다. 자연친화적인 공간이다 보니 바깥 활동이 줄어 답답함에 지친 이들에게 반응이 좋습니다. 공간의 재창조는 매출의 상승을 가져왔고, 이는 임대료 상승 및 부동산 가치의 상승으로 이어질 것입니다. 부동산의 가치를 올리기 위해서는 이런 예쁜 공간들을 많이 보고 다녀야 합니다. 그래서 아이디어의 융합을 통해서 공간을 재창조해야 합니다.

호기심을 자극하라

일본 도쿄의 산겐자야(三軒茶屋)에 위치한 블루보틀 커피 산겐자야 카페는 지나가는 길에는 눈에 띄지 않습니다. 이 카페는 입구가 좁고 긴

자루형 토지를 그대로 사용해서
카페를 만들었습니다. 대개 자루
형 토지는 상업용으로 사용하지
않는 것이 보통이지만, 이 카페는
그 고정관념을 깨뜨립니다. 첫 번
째 사진에서는 잘 눈에 띄지 않지

블루보틀 커피 산겐자야 카페 주변

출처: 구글 지도

만, 지나가다가 이렇게 보면 호기심을 자극합니다. 카페의 진입로는 바닥의 콘크리트 이외에는 아무것도 꾸미지 않았는데, 이것은 카페에 대한 기대감을 증폭시킵니다. 이곳은 전에는 주택 겸 진료소였던 건물을 카페로 전환했다고 합니다. 우측 골목으로 들어가면 뒤뜰로 접근할 수 있습니다. 오래된 주택의 느낌을 그대로 살린 모습을 볼 수 있습니다. 창문으로는 정원이 보이고, 푸른빛의 유리로 '블루보틀'이라는 브랜드의 느낌을 살렸습니다.

블루보틀 커피 산겐자야 카페 내부

출처: hypebeast.com

뒤쪽 정원에서 본 모습입니다. 2층은 여전히 주택으로 사용하고 있다고 합니다. 골목 안쪽에 위치한 카페이기 때문에 가시성은 떨어지지만, 프라이빗한 정원과 더불어 오롯이 커피에 집중할 수 있는 매력을 가

블루보틀 커피 산겐자야 카페의 후면 모습

출처: hypebeast.com

진 카페가 만들어진 것을 볼 수 있습니다. 인스타그램 같은 SNS로 홍보가 되면 사람들이 찾아올 만한 가게가 된 것입니다. 개인적으로는 이 카페로 들어가는 통로에 시선을 사로잡을 만한 터널을 만들어보는 것도 좋을 것 같다는 생각이 듭니다. 일본 후쿠오카현 다자이후시에 있는 '스타벅스 다자이후 오모테산도점'의 디자인처럼 말이죠.

호기심을 자극하는 스타벅스 다자이후 오모테산도점 입구와 내부

출처: 구글 지도

이 카페도 좁고 긴 모양인데, 삼나무 각목으로 조합된 나무 터널이 눈길을 끕니다. 조합된 나무 터널은 가장 구석에 있는 정원까지 이르고, 시선을 하늘로 유도하고 있습니다. 이렇듯, 입지적 열세에도 불구하고 디자인과 콘텐츠는 고객을 끌어들입니다.

시대가 변했고 또한 급속히 변해가고 있습니다. 공장에서 찍어내듯이 만들어내는 주택이나 상업용 부동산의 경쟁력은 점점 줄어들 것입니다. 디자인과 콘텐츠가 갈수록 중요한 시대가 되고 있습니다. 고객의 호기심을 자극한 또 한 가지 사례를 살펴보겠습니다.

서울 청담동의 '시그니처 키친 스위트 청담쇼룸'은 LG전자의 초프리미엄 빌트인 가전제품 쇼룸입니다. 커다란 통유리창 안으로 인상적인 곡선을 지닌 나무 계단이 존재하며, 인테리어 역시 나무 냄새가 물씬 풍깁니다. 덕분에 눈이 편안하고, 촉감도 좋습니다. 본 건물을 설계한 건축가 김찬중 대표는 "딱딱한 가전제품과 대비를 이루며 제품을 효과적으로 빛나게 하는 공간"이라고 설명했습니다. 카페인 듯, 쇼룸인 듯, 이러한 모호한 설계가 건물과 전시제품에 대한 호기심을 불러일으킵니다. 획일적 건물이 아닌, 사람들의 궁금증을 불러일으키는 디자인이 건물 그리고 부동산의 가치를 높입니다.

시그니처 키친 스위트 청담쇼룸

출처: 시그니처 키친 스위트 청담 홈페이지

지하상가의 가치를 높이는 방법

종로에 가면 아직도 지하에 있는 '다방'을 볼 수 있습니다. 그러나 요즘에는 카페를 지하층에 만드는 것을 생각하기 어렵습니다. 하지만 지하층의 장점을 살려서 여전히 영업을 잘하고 있는 카페가 눈에 띄어서 소개하고자 합니다. 일본 교토에 있는 로쿠요우샤(六曜社) 카페입니다. 중요한 것은 지하 카페의 내부입니다.

로쿠요우샤 카페 내부

출처: 인터넷 커뮤니티, 구글 지도

　이 카페는 번화한 상점가의 지하에서 70년 이상 영업해오고 있는데, 나무를 중심으로 벽돌이나 타일 등이 중후하고 품위 있는 분위기를 만들고 있습니다. 지상의 빛이 살짝 비치는 모습은 마치 배 안에 있는 느낌을 주어서 도시의 소란스러움을 잠시 잊을 수 있는 편안함을 줍니다. 코너 소파 상부의 가로로 긴 거울도 인테리어 포인트의 하나입니다. 전체적으로 배 안에 들어와 있다는 느낌을 많이 줍니다. 이렇듯 지하에 있다고 하더라도 고객에게 특별한 경험을 선사할 수 있다면 카페 운영에 성공할 수 있을 것입니다.

　그러나 지하상가는 일반적으로 사람들이 선호하지 않는 상가입니다.

이러한 상가의 잠재적 가치를 알아보고, 싸게 사서 가치를 높인다면 큰
시세차익을 만들어낼 수 있습니다. 잠재적 가치가 있는 지하상가는 다
음의 조건들을 만족해야 할 것입니다.

- 주위에 고정인구 또는 유동인구가 충분한지, 주 동선상에 있는
  지 확인해야 합니다. 우수한 상권이라면 1층 기준 임대료가 실
  면적 기준 3.3㎡당 15만 원 정도는 되어야 할 것입니다.
- 지하상가 자체의 면적도 충분히 나오는지 확인해야 합니다. 1
  층처럼 30㎡ 내외의 면적으로는 대개 승산이 없습니다. 지하
  층 전체, 100~150㎡ 이상의 면적을 확보해야 합니다.
- 1층에서의 가시성과 접근성을 개선할 수 있는지 확인해야 합
  니다. 일단은 출입구가 눈에 잘 들어와야 합니다. 눈에 잘 띄는
  간판을 달 만한 자리를 확보할 수 있는지도 확인해야 합니다.
  다음 사진의 'NOLL PC'처럼 말입니다.

간판이 잘 보이는 지하상가

출처: 네이버 로드뷰

어떤 지하상가의 경우, 에스컬레이터나 경사로 등 지하로 직결되는 통로를 확보하는 것이 가능할 수도 있습니다. 그래서 지하층에 대형 슈퍼마켓을 유치할 수도 있습니다. 상가관리단에는 관리비를 많이 내겠다고 제안해볼 수 있을 것입니다. 상가관리단과 협상할 때는 1층에서 지하로 내려가는 입구 면적만큼의 1층 임대료 상당액 수준, 지하층에서 얻을 수 있는 기대수익의 차이 등을 고려해야 할 것입니다.

어떤 지하상가의 경우, 경사로에 위치해서 실질적으로는 1층과 비슷한 경우가 있는데, 이때는 건물의 구조 안전에 위험이 되지 않는다면 전면 벽을 터서 고객의 진입이 더 용이하게 만들 수도 있습니다. 그런가 하면 1층 점포 한 칸의 소유권을 우선 확보하고, 지하로 내려가는 통로를 새로 만드는 방법도 생각해볼 수 있습니다.

이렇게 기본적인 사항들을 확인하는 데 더해, 그에 맞는 희소성 있는 업종의 임차인을 유치하면 안정적 수익을 얻을 수 있을 것입니다. 어떤 분은 그러한 가치가 있는 지하상가를 찾아내서 <이곳에서 병원(의원)을 해야 하는 이유>라는 제목의 전단지를 만들어서 기존 주변 병원들에 뿌렸다고 하는데, 아주 좋은 결과가 있었다고 합니다.

 알아둡시다! 　　**지하상가의 가치를 대지권 면적으로 생각하면 오산이다**

어떤 경우 지역이 괜찮고, 넓은 지하상가의 대지권이 크니까 나중 재건축을 생각해서 투자 가치가 있다고 생각할 수 있습니다. 그러나 역으로 1층 상가 소유자의 입장에서 생각해보아야 합니다. 1층 상가 소유자로서는 굳이 재건축을 하지 않아도 계속 살아남을 수 있죠. 그런데 재건축을 할 때 1층 소유자와 지하층 소유자의 대지권 가치를 거의 동일하거나 별반 차이 없게 인정해준다면 불공평한 일일 것입니다.

숙박시설도 트렌드를 잘 읽어야
가치를 높일 수 있다

숙박시설 경매 사례

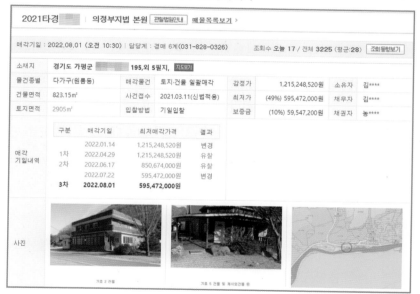

출처: 네이버 부동산 경매

먼저, 경매물건의 예를 통해 살펴보겠습니다(의정부지법 2021타경2762 물번2). 경기도 가평군에 위치한 물건입니다.

해당 물건(스토리밸리 펜션)의 사진

출처: 네이버

　계곡이 풍부하게 흐르는 하천 바로 옆에 있어서 희소성 있는 위치에 있습니다. 해당 펜션은 '스토리밸리'라는 이름으로 영업하고 있는 것으로 보입니다. 네이버에서 가평의 '스토리밸리'를 검색하면 다양한 사진들과 리뷰들을 보실 수 있기에 자세한 설명은 생략하겠습니다. 바로 옆에 물이 풍부한 계곡이 있어 여름 휴양객들을 위해 아주 좋습니다. 다만 건물이 2009년식이라 조금 오래되어 관리가 힘들 수 있습니다. 2009년 당시만 해도 온수풀이 있는 풀빌라, 키즈풀빌라, 애견풀빌라 등은 거의 없었던 것으로 기억하고 있습니다. 그러나 이제는 주변에 다양한 신축 풀빌라들이 꽤 많이 생긴 것 같습니다. 본 물건은 시설이 노후화되니 객실 단가를 낮춰서라도 영업할 수밖에 없었겠지요. 그러나 경매에 나온 걸 보니 이마저도 한계에 다다른 것으로 보입니다. 이 물건을 인수하는 경우 기존 건물을 리모델링해서 활용하는 방안과 건물을 철거하고 신축 풀빌라를 건설하는 방안 두 가지를 생각해볼 수 있겠습니다. 개인적으로는 기존 건물을 활용하기는 상당히 어렵지 않을까 하는 생각이 들었습니다(물론 현장에 가서 보면 좋은 아이디어가 떠오를 수도 있을 것입니다).

경매 물건 숙소 현황

출처: 스토리밸리 홈페이지

기존 건물의 현황은 앞서 사진과 같습니다. 만약 기존 건물을 활용한다면 방별로 개별 숙박을 해야 할 것이고, 그러면 방이 9개나 되니 관리하기가 힘들 것으로 보입니다. 또한 겨울에는 너무 추워서 대상물건을 활용하기 어려울 것 같습니다(그래서 두 번이나 유찰된 것인지도 모르겠네요). 차라리 대형의 통건물 두세 동을 지어서 겨울에도 풀빌라로 활용할 수 있게 해 독채로 숙박을 준다면 더 나을 것 같다는 생각입니다.

다음은 물건 근처에 위치한 백낙제 플랫하우스 펜션 사진입니다. 고급 독채 펜션으로 숙박 요금이 꽤 높습니다. 한 가지 드는 생각이 있습니다. 이 펜션은 지었을 당시만 해도 꽤 좋은 물건으로 생각되었을 것입니다. 그러나 불과 약 10여 년 만에 트렌드가 바뀌어서 이렇게 이익을

근처의 백낙제 플랫하우스 펜션

출처: 인터넷 커뮤니티

내기 힘든 물건으로 바뀌어버렸습니다.

　부동산이 오래 살아남으려면, 현재 트렌드도 반영해야겠지만 앞으로의 트렌드도 예측할 수 있어야 할 것입니다. 2008~2009년 당시에는 현재의 트렌드를 예측하기 힘들었을까요? 다른 것은 몰라도 전반적인 소득 수준의 증가 및 1인당 면적 수요 증가, 애견인·애묘인의 증가, 겨울철의 공실 등은 예상하고 개발했어야 할 것입니다. 그렇다면 좀 더 오래가는 시설을 만들 수 있었을 것입니다.

　물론 앞으로 10년 후에 세상이 어떻게 바뀔지 정확한 예측은 하기 어려울 것입니다. 그러나 부동산 개발자는 미래학자들의 저서 등을 꾸준히 읽어서, 미래를 어느 정도 예측할 수 있어야 할 것입니다. 예상컨대, 현재 출산율이 거의 바닥이므로, 향후 10년 정도는 키즈풀빌라의 수요가 감소하지 않을까 예상해봅니다. 그러나 1인당 면적 수요의 증가는 여전히 계속될 것으로 예상됩니다. 그리고 여름 휴가철에 물 좋은 계곡에 대한 수요, 겨울철 따뜻한 물에서 쉴 수 있는 풀빌라에 대한 수요 역시 계속될 것입니다.

그러므로 현재 펜션을 대형화, 고급화해서 다시 건설하는 방안이 좋을 것으로 생각됩니다. 여름, 겨울 할 것 없이 최고의 휴식을 취할 수 있는 장소로 만드는 것이죠. 펜션의 콘셉트를 잡는 데 있어 그 지역만의 특색을 반영하는 것도 좋은 방안 중 하나입니다. 바로 앞에 '남송미술관'이 자리 잡고 있으니, 이와 연계해서 생각해보아도 좋을 것 같습니다.

 알아둡시다! **등기부에 주택으로 등재된 펜션은 주택일까, 숙박시설일까?**

펜션이 주택이라면 취득세는 주택으로서의 취득세율이 적용될 것이고, 숙박시설, 즉 상업용이라면 취득세 4.6%를 부담하면 될 것입니다. 또한 숙박시설을 경매로 취득 시에는 부가가치세가 포함되어 있지 않지만, 그 물건을 매도할 때는 건물분에 대해서 부가가치세를 납부해야 할 것입니다. 그러면, 이 경매물건과 같이, 실질적으로는 펜션으로 운영되고 있지만 건축물대장이나 등기부상 '주택'으로 등재되어 있는 물건은 주택으로서 세금을 납부해야 할까요?

우선 주택의 취득세에 관해 규정한 '지방세법' 제11조제1항제8호를 보아야 합니다. 이 규정에 따르면 취득세를 과세할 때에는, '주택법'에 따른 주택으로서 건축물대장 또는 등기부에 주택으로 기재된 것은 주택으로 보고 있습니다. 그렇다면 대상물건은 '주택법'에 따른 주택일까요?

'주택법'에 의한 주택은 세대의 구성원이 장기간 독립된 주거생활을 할 수 있는 구조로 된 건축물 및 그 부속 토지를 말합니다. 반면 '공중위생관리법'에 의한 숙박업은 손님이 잠을 자고 머물 수 있도록 시설 및 설비 등의 서비스를 제공하는 영업을 말합니다. 이 정의에 의하면 대상물건과 같은 펜션은 '주택법'에 의한 주택에 원칙적으로 해당되지 않을 것입니다(같은 맥락으로, 숙박업 등록을 하지 않는다면 에어비앤비는 사실 불법입니다).

한편 '부동산 가격공시에 관한 법률' 제2조제1호에 의하면 '주택법' 제2조제1호에 따른 주택의 가격을 공시하도록 되어 있습니다. 따라서 어떤 물건이 '주택법'상 주택인지 확인하려면, 주택으로서 가격공시가 되고 있는지 확인하면 될 것이고, 해당 지자체의 재산세팀이나 취득세팀에 문의해보면 해당 물건이 주택으로서 과세되고 있는지 확인할 수 있을 것입니다.

이에 앞서 부동산 공시가격 알리미(www.realtyprice.kr)에서 개별주택가격을 열람해볼 수도 있습니다. 대상물건의 개별주택가격을 조회해보니, 2014년 1월 1일 기준의 주택가격까지만 공시되어 있고 그 이후에는 자료가 없는 것을 확인할 수 있었습니다. 그러니까 현재 대상물건은 건축물대장상 주택으로 되어 있기는 해도, '주택법'상 주택에 해당하지 않는다는 것을 알 수 있습니다. 따라서 취득세는 4.6%를 부담하면 될 것이고, 양도 시에도 주택으로서 과세되지 않을 것입니다.

 알아둡시다! **숙박시설은 영업 승계 신고를 해야 한다**

대상물건이 주택이 아니라 호텔 같은 숙박시설에 해당한다면, 대상물건을 취득한 후 영업의 승계 신고를 해야 할까요? 그렇습니다. 숙박시설을 취득하는 경우에는 '공중위생관리법' 제3조의2에 의해 1개월 이내에 영업의 승계 신고를 해야 합니다.

제3조의2(공중위생영업의 승계)
① 공중위생영업자가 그 공중위생영업을 양도하거나 사망한 때 또는 법인의 합병이 있는 때에는 그 양수인·상속인 또는 합병후 존속하는 법인이나 합병에 의해서 설립되는 법인은 그 공중위생영업자의 지위를 승계한다(개정 2005. 3. 31).
② 민사집행법에 의한 경매, '채무자 회생 및 파산에 관한 법률'에 의한 환가나 국세징수법·관세법 또는 '지방세징수법'에 의한 압류재산의 매각 그 밖에 이에 준하는 절차에 따라 공중위생영업 관련시설 및 설비의 전부를 인수한 자는 이 법에 의한 그 공중위생영업자의 지위를 승계한다(개정 2005. 3. 31, 2010. 3. 31, 2016. 12. 27).
③ 제1항 또는 제2항의 규정에 불구하고 이용업 또는 미용업의 경우에는 제6조의 규정에 의한 면허를 소지한 자에 한해서 공중위생영업자의 지위를 승계할 수 있다.
④ 제1항 또는 제2항의 규정에 의해서 공중위생영업자의 지위를 승계한 자는 1월 이내에 보건복지부령이 정하는 바에 따라 시장·군수 또는 구청장에게 신고하여야 한다(개정 2008. 2. 29, 2010. 1. 18).

시골의 펜션 중 어떤 경우는 '공중위생관리법'에 의한 숙박업소가 아니라 '농어촌정비법'에 의한 농어촌민박사업용시설에 해당하는 경우가 있습니다.

농어촌민박사업자는 이 표시를 출입문 또는 홈페이지에 게시하도록 되어 있습니다. '농어촌정비법' 제87조에 의하면 사업의 양수인, 경매나 공매 등에 의해서 농어촌민박 사업시설과 설비의 전부를 인수한 자는 종전의 지위를 승계합니다. 또한 1개월 이내에 신고하도록 되어 있습니다. 이것은 숙박시설의 경우와 비슷하죠. 그런데 '농어촌정비법' 제86조제2항에 의하면 농어촌민박사업을 경영하려는 자는 다음의 요건을 갖추어야 합니다.

1. 농어촌지역 또는 준농어촌지역의 주민일 것
2. 농어촌지역 또는 준농어촌지역의 관할 시·군·구에 6개월 이상 계속해서 거주하고 있을 것(농어촌민박사업에 이용되고 있는 주택을 상속받은 자는 제외한다)
3. 신고자가 거주하는 '건축법' 제2조제2항제1호에 따른 단독주택(같은 법 시행령 별표 1에 따른 단독주택과 다가구주택을 말한다. 이하 같다)
4. 신고자가 직접 소유하고 있는 단독주택

직접 거주를 해야만 하는 상당히 까다로운 요건입니다. 그러므로 매입하고자 하는 펜션이 '농어촌민박'에 해당하지는 않는지 확인해야 합니다. 경매물건의 경우는 농어촌민박에 해당하지 않는 것으로 보입니다.

상가
재건축

관리비가 많이 나오는 오래된 상가, 주차가 불편한 상가, 죽어 있는 상가 또는 오래된 오피스텔, 이런 건물을 콘텐츠가 있는 상가로 재건축 한다면, 아파트 못지않은 수익을 낼 수도 있을 것입니다.

아너스 스카이랜드 투시도

출처: 동아일보 뉴스

실내에 바이킹을 설치한 대구의 '아너스 스카이랜드'의 그림입니다. 이렇게 차별화된 콘텐츠로 재건축을 하는 것도 상가의 가치를 끌어올리는 것입니다. 또는 상가는 대개 교통이 편리한 곳에 위치하므로, 신축 주거용 오피스텔로의 재건축도 생각해 볼 만한 일입니다. 서울 강남구 개포동의 '대청프라자' 상가는 5층짜리 상가를 17층짜리 상가 및 오피스텔로 재건축을 추진하고 있습니다. 해당 상가는 2020년 초만 해도 코로나로 인해 거래 가격이 상당히 하향 조정된 상태였습니다. 그러나 2020년 4월 재건축추진위원회가 발족되고 이후 순탄하게 재건축을 추진 중입니다. 대개 상가가 있는 토지는 그 토지의 용적률을 이미 거의 다 사용하고 있기 때문에 재건축을 하더라도 1대1 재건축 정도밖에 안 됩니다. 대청프라자도 사실 마찬가지였습니다. 다음은 대청프라자 부지의 토지이용계획입니다.

대청프라자 토지이용계획

소재지	서울특별시 강남구 개포동 14-1번지		
지목	대 ②	면적	1,087.8 ㎡
개별공시지가(㎡당)	18,770,000원 (2022/01)　연도별보기		
지역지구등 지정여부	「국토의 계획 및 이용에 관한 법률」에 따른 지역·지구등	도시지역 , 일반상업지역 , 지구단위계획구역(대치택지개발지구) , 도로(접합)	
	다른 법령 등에 따른 지역·지구등	가로구역별 최고높이 제한지역<건축법>, 상대보호구역(토지전산망의 내용은 참고사항일뿐 교육청에 반드시 확인요망)<교육환경 보호에 관한 법률>, 대공방어협조구역(위탁고도:77-257m)<군사기지 및 군사시설 보호법>, 제한보호구역(전술항공:5km)<군사기지 및 군사시설 보호법>, 과밀억제권역<수도권정비계획법>	

출처: 토지이음

살펴보면 '지구단위계획구역'이라는 문구가 보입니다. 2004년 당시 대치택지개발지구 지구단위계획을 강남구청에서 다운로드받아보았습니다. 그랬더니 당시 개포동 14-1번지에 관한 지구단위계획은 상업용지로서 5층 이하로 규정되어 있었습니다. 이에 따라 대청프라자는 5층 규모에 용적률 300%로 건축된 것입니다. 그러다가, 2015년 초에 대치택지개발지구 지구단위계획 변경안이 고시되었습니다. 기준용적률이 600%, 허용용적률이 800%까지 높여진 것을 볼 수 있습니다(대상 토지는 'C2'부지입니다).

개포택지 지구단위계획 내용(발췌)

나) 상업용지 : 택지개발촉진법시행령 제2조2호에 게기된 "판매시설 · 업무시설 · 의료시설 등
거주자의 생활복리를 위하여 필요한 시설"

도면표시번호	시설의세분	위치	면적(㎡)	층수
계			18.074.2	
상업용지	1	개포동 14-5.6	9.652.8	6호:철도용지
	2	개포동 13-3.4	4.593.1	4호:철도용지
	3	개포동 14-3	1.652.8	5층
	4	개포동 14-1	1.087.8	5층
	5	개포동 14-2	1.087.7	5층

출처: 강남구청 홈페이지

지구단위계획 도면

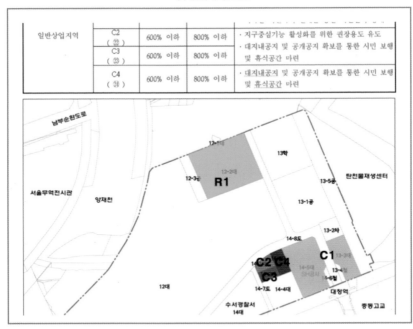

일반상업지역	C2 (㉒)	600% 이하	800% 이하	· 지구중심기능 활성화를 위한 권장용도 유도 · 대지내공지 및 공개공지 확보를 통한 시민 보행 및 휴식공간 마련
	C3 (㉓)	600% 이하	800% 이하	
	C4 (㉔)	600% 이하	800% 이하	· 대지내공지 및 공개공지 확보를 통한 시민 보행 및 휴식공간 마련

출처: 강남구청 홈페이지

그러다가 이번에 재건축을 추진하니까 아주 원활하게 진행되고 있다고 합니다. 택지개발지구에서 지구단위계획의 변경사항이 있는 경우, 이때부터 눈여겨보았어야 하는 게 아닌가 생각됩니다. 아마 대치지구뿐만 아니라 1기 신도시인 분당이나 일산, 또는 과천 등에도 이런 케이스가 나올 수 있지 않을까 생각해봅니다.

오래된 도시계획시설(시장)이 정비되는 경우도 있습니다. 구도심의 이런 오래된 도시계획시설(시장)을 말하는 것입니다.

서울시 고시문

◆ 서울특별시고시 제2022-141호

방배남부종합시장정비사업 추진계획 승인 –
지구단위계획 결정 및 지형도면 고시

　서울특별시 서초구 방배동 767-1번지 시장정비사업 시행을 위하여 「전통시장 및 상점가 육성을 위한 특별법」 제37조 및 「국토의 계획 및 이용에 관한 법률」 제30조에 따라　2021년 제2차 서울특별시 시장정비사업 심의위원회(2021.11.15.) 심의를 거쳐 추진계획 승인하고, 「도시 및 주거환경정비법」 제17조 및 「국토의 계획 및 이용에 관한 법률」 제50조에 따라 지구단위계획구역 및 지구단위계획으로 결정·고시하며, 「토지이용규제 기본법」 제8조에 따라 지형도면을 고시합니다.

2022년 3월 31일
서 울 특 별 시 장

출처: 서울시보

로드뷰 사진

출처: 네이버 지도 로드뷰

상가 재건축은 절차가 간편하다

일반적으로 아파트 재건축은 '도시 및 주거환경정비법(도시정비법)'에 의해서 진행합니다. 반면 상가는 '집합건물의 소유 및 관리에 관한 법률(집합건물법)'에 의해서 진행합니다. 집합건물법에 의한 재건축은 도시정비법에 의한 재건축에 비해 절차가 상대적으로 간편합니다. 일반적 재건축은 일정 경과 연수의 충족과 안전진단이 필요합니다. 반면 집합건물법에 의한 재건축은 경과 연수에 대한 제한안전진단이 필요가 없습니다. 소유자 80% 및 토지 지분 80%의 동의만 있으면 됩니다. 또한 일반적 재건축은 조합설립을 관청에서 인가를 받아야 합니다. 그렇지만 집합건물법에 의한 재건축은 관청에서 조합설립을 인가받을 필요가 없이 임의단체로 사업을 진행할 수 있습니다. 빨리 진행되는 경우 1~2년 만에 사업이 완료되는 경우도 있다고 합니다.

상가 재건축 시 감정평가가 아주 중요하다

'집합건물의 소유 및 관리에 관한 법률' 제47조에서는 재건축 결의에 대해 규정하고 있습니다. 재건축을 위해서는 구분소유자 80% 이상 및 의결권의 80% 이상 결의가 필요합니다. 또한 재건축을 결의할 때는 새 건물의 개요, 건물철거 및 새 건물의 건축에 드는 비용을 개략적으로 산정한 금액, 비용분담에 관한 사항, 새 건물의 구분소유권 귀속에 관한 사항 등을 정하도록 하고 있습니다.

이때 구분소유자들 간의 구분소유권 귀속에 관한 사항을 정할 때, 서로 형평이 유지되도록 해야 하므로 대개는 '감정평가에 의해서 현재 자산의 가치 및 재건축 이후 자산의 가치를 정한다'는 식으로 결의하는 것이 보통일 것입니다. 그런데 상가 구분소유자들은 감정평가 전문가가 아닙니다. 그러므로 '내 건물을 알아서 잘 평가해주겠지'라는 생각으로 감정평가사에게 온전히 일임하려는 생각을 가질 수 있습니다. 하지만 그러다가는 큰일 날 수 있습니다. 재건축하는 저층아파트의 경우, 거래 사례가 풍부하고 동일 면적의 경우 거래 가격 수준도 큰 차이가 나지 않습니다. 그러므로 감정평가사에게 맡겨놓아도 대개 형평성 있는 평가결과를 받을 가능성이 높습니다. 그러나 상가의 경우에는 그렇지 않습니다. 예를 들어, 구분상가 5층 소유자인데, 대형 독서실을 운영하고 있고 그 지역에서 독점적 지위를 가지고 영업을 해왔을 수 있습니다. 그럴 경우 단위면적당 실질적인 수익은 오히려 1층보다도 높을 가능성도 있습니다. 이러한 사항을 감정평가사에게 적극적으로 어필하지 않으면 어떻게 될까요? 감정평가사는 일반적인 상가의 층별 효용비율 등을 감안해서 5층 상가를 '1층 상가 가격의 20% 수준' 정도로 평가할 가능성이 높습니다.

이런 경우가 충분히 있을 수 있으므로 우리는 어떻게 해야 할까요? 감정평가사와 재건축을 위한 상가 감정평가 용역계약을 체결할 때 이런 문구를 넣어야 타당할 것입니다(물론 구분소유자들의 동의하에 진행해야 합니다).

> 각 구분상가의 층별 및 위치별 효용비는 단지 일반적 상가의 효용비율에 따라서만 평가하지 않을 것. 즉, 각 구분상가의 업종·독점성·시설상태 및 수익성 등을 고려해서 '상가'가 아닌 '사업'의 거래 가능 가치를 평가할 것

이러한 취지의 문구를 넣도록 해야 할 것입니다. 말하자면 권리금 성격의 가치도 반영해서 평가해달라는 것이지요. 감정평가 업체가 이러한 조건을 거부한다면 그런 업체와는 굳이 계약할 필요가 없을 것입니다. 참고로 재개발의 경우에는 '공익사업'에 해당하고, 따라서 재개발에서는 현금청산평가의 기준이 정해져 있습니다. 즉 '공익사업을 위한 토지 등의 취득 및 보상에 관한 법률'에 따라 상가를 평가하는 것입니다. 그러므로 업종·독점성·시설상태 등에 따라 평가하는 것이 아니라 거래 사례 비교법에 의해서 보통 그 위치에 따른 가치만을 평가합니다(점포의 이전에 따른 영업손실에 대해서는 따로 4개월 이내의 영업이익+고정적 비용+이전비+감손상당액+부대비용을 평가해서 보상합니다). 업종·독점성·시설상태 등에 따른 권리금은 보상 대상이 아닙니다.

그러나 재개발·재건축에서의 이해관계인들 간의 권리 조정을 위한 종전자산평가의 경우는 그와 다를 것입니다. 원활한 사업 진행을 위해서 앞

서와 같이 평가의 조건을 따로 정할 수도 있을 것이라는 것이 제 생각입니다. 특히 상가의 경우에는 더욱 그렇게 하는 것이 합리적일 것입니다.

사례 연구 - 단독 재건축의 가능성이 있는 단지 내 상가

2020년 4월 20일, 서울 도봉구 창동의 월세 60만 원밖에 나올 것 같지 않은 단지 내 지하층 상가가 약 3억 4,000만 원에 낙찰되었습니다. 감정가는 불과 1억 2,000만 원이었고, 무려 42명이 응찰해서 1위가 정확하게 3억 4,129만 원에 낙찰받았습니다. 2위와의 금액 차이는 불과 약 220여 만 원이었습니다. 사람들이 돈 냄새는 기가 막히게 맡나 봅니다. 이 물건의 가치를 알아보았던 사람들이 그렇게 많았던 것이죠. 이 물건의 포인트는 단지 내 상가임에도 불구하고, 대지권 면적이 상당히 넓었다는 것입니다. 전유면적에 비해서 대지권이 약 2.4배나 되었습니다! 또한 중요한 점은, 아파트 단지와는 지번을 달리해서, 상가 건물이 독립적으로 건축되어 있었다는 것입니다.

사례 상가의 기본 사항

소재지	서울특별시 도봉구 창동 ▆▆ ▆			건물명	▆▆▆▆▆주공아파트	
구조	철근콘크리트 알씨조 철근콘크리트 스라브지붕			규모	지상1층/지하1층	
용도	판매시설			사용승인일	1990.09.06	
기호	동	층	호수	전유면적(㎡)	공용면적(㎡)	대지권(㎡)
1	가상가	지하	1	77.04	24.81	187.48

출처: 감정평가서

한편 감정평가에서는 인근 지하층 상가의 다음 거래 사례를 사용해서 평가했습니다.

감정평가에 사용된 거래 사례

사례	소재지	층/호수	전유면적 (㎡)	대지권 (㎡)	거래가격 (단가)	자료출처	거래시점
							신축년도
#1	창동 ▨ 창동3단지주공 제종합상가동	지하층/ ○호	583.4	695.50	790,000 (@1,350)	등기사항 전부 증명서	2017.05.25
							1990.11.24

거래 사례의 경우 대지권 면적 비율이 상당히 높기는 하지만 이 건보다는 상당히 낮습니다. 게다가 2017년의 오래전 사례로서 최근의 부동산 시장 심리와는 다소 괴리가 있는 사례라고 하겠습니다. 잠재적 가치에 비해 상당히 낮게 거래되었다고 보아야겠습니다. 거래 사례가 속한 집합상가의 경우도 자체 재건축이 가능한 것으로 보이고, 실행한다면 상당한 이익이 예상됩니다. 하지만 거래된 금액은 그런 가능성을 염두에 두지 않았던 것으로 생각됩니다.

이 건이 속해 있는 단지 내 상가의 경우 지하는 1개호, 지상1층에 4개호 이렇게 총 5개호로 이루어져 있습니다. 용적률은 약 40%에 불과합니다. 서울특별시 조례에 의하면 제3종일반주거지역의 경우 용적률이 최대 250%인데 말이죠. 이 상가를 자체적으로 재건축할 경우 상당히 수익성이 높을 것으로 기대됩니다. 재건축을 해서 지상층은 오피스텔로 만들어도 되겠죠. 창동역에서도 가까우니까요.

사업성을 대략적으로 계산해보겠습니다. 상가가 깔고 앉은 전체 토지면적이 500㎡입니다. 그러므로 용적률 250%로 계산해서, 새로 건축될 상가의 건축 지상 연면적을 1,250㎡(1층당 250㎡씩 5층으로 건축)이라고 하겠습니다. 지하 연면적은 250㎡(지하주차장 제외)라고 해보겠습니다. 또한 현재 상가의 소유자들은 현재 가지고 있는 면적 그대로, 같은 위치에 상가를 새로 지어준다고 해보겠습니다. 건축물대장에 의하면 본 상가의 지상층 총 면적은 약 170㎡, 지하층 총 면적은 약 100㎡입니다. 그렇다면 일반분양분은 지상층 약 1,080㎡, 지하층 약 80㎡인데, 지하층 분양의 수입은 편의상 무시하기로 합니다.

이제 지상층을 분양해서 얻을 수 있는 추가적 수입을 가늠해보겠습니다. 인근 신축 중대형 빌라나 오피스텔의 시세를 참조해서, 낙찰 시점 당시 3.3㎡당 약 1,500만 원이 예상됩니다. 그러면 약 48억 6,000만 원이 일반분양의 수입이 됩니다(1,500만 원/3.3㎡×1,080㎡).

총 건축비는 지하주차장 포함 3.3㎡당 400만 원씩으로 해서 대략 24억 원이라고 해보겠습니다. 사업비는 건축비의 대략 50%를 더해서 12억 원이라고 해보겠습니다. 그러면 일반분양 수입만으로도 건축비와 사업비를 충당하고도 12억 원이 남습니다. N분의 1로 환급을 받는다고 하면 2억 원 정도는 돌려받겠네요. 낙찰 시점 당시, 그렇게 예상되었습니다. 이후 시간이 흘러 시세가 더 올랐죠. 2022년 초를 기준으로 보면 일반분양가는 3.3㎡당 2,000만 원이라고 보아야 할 것입니다. 이 경우 5억 원 정도는 돌려받을 것입니다. 아무런 부담 없이 주차장이 구비되고, 새 건물의 지하층 상가 면적 그대로 받는 것에 더해서 말입니다. 이런 이유로 감정가에 약 2억 2,000만 원 정도를 더한 금액이 낙찰가가 되었고, 이해할 만한 금액입니다. 낙찰자는 이러한 가치 분석을 했던 것일까요?

사례 상가의 입구 사진

출처: 감정평가서

이 사진은 감정평가서에 나와 있는, 사례 지하상가의 입구 사진입니다. 이 사진만 놓고 본다면, 현재 임대료를 받을 수 있는 것은 월세 60만 원 정도로 생각됩니다. 그러면 월세로 환산한 상가의 가치는 수익률 6%로 봤을 때 1억 2,000만 원입니다(지하층이므로 수익률을 일반적 상가 수익률보다 높게 본 것 같습니다). 감정평가액과 일치합니다. 감정평가에서는 현재 월세로 환산한 상가의 가치만을 생각했던 것으로 보입니다. 본 건물의 자체적인 집합건물 재건축은 염두에 두지 않았던 것으로 생각됩니다.

하지만 앞에서 설명한 것처럼 아파트 단지의 리모델링이나 재건축과는 상관없이 본 상가의 자체 재건축이 진행 가능하기 때문에, 낙찰 당시 잠재적 가치는 3억 원 이상으로 보는 것이 맞을 것입니다. 2022년 초 기준으로는 6억 원 내외 정도는 될 것으로 생각됩니다. 이런 케이스처럼, 아파트 단지에 연동되지 않고 자체 재건축이 가능한, 용적률이 낮은 단지 내 상가를 공략하는 것도 훌륭한 전략이라고 생각됩니다.

이제 당신은 전문가이자
부동산 사업가

저는 감정평가사로서 부동산 업계에서 약 15년 동안 활동해왔습니다. 그동안의 경험과 지식들과 판단력을 녹여서 이 책을 쓰고, 독자 여러분 앞에 서게 되었다는 사실이 기쁩니다. 부동산의 진정한 가치를 발견하고, 가치를 높이는 일은 분명 흥미진진한 일이고, 보람 있는 일입니다.

이 책의 편집 작업이 진행되는 동안, 단기간에 금리가 큰 폭으로 상승했습니다. 그 때문에 아파트 거래 가격이 단기간에 상당히 큰 폭으로 하락했습니다. 언론의 기사들을 보면 앞으로 대세 하락장이 온다는 심리적 불안감을 부채질하고 있습니다. 이런 때에 부동산 투자와 사업을 한다는 것은 무서운 일일지 모릅니다.

게다가 단기간에 건축공사비가 대폭 상승했습니다. 부동산의 가치를 높이는 일은 건축과 밀접한 관련이 있지요. 대개 건축하고, 리모델링하고, 재건축 사업을 해서 가치를 높이기 때문입니다. 그래서 부동산 가치를 높이는 일이 좀 더 어려워진 것도 사실일 것입니다.

물론, 이러한 여러 어려운 여건 때문에 당장 이 책의 내용을 실행하는 데 어려움이 있을지도 모르겠습니다. 그렇다고 하더라도 손 놓고 있기보다는 자신의 가치를 높이는 일을 계속해야 할 것입니다. 이 책의 내용을 비롯해서 최신 트렌드와 다양한 사업에 대해 계속 공부하고, 나아가 좋은 부동산 상품을 연구하며 개발하는 기회로 삼아야 할 것입니다.

또한 역사가 증명하듯이, 위기의 기간은 오래가지 못할 것입니다. 시간이 지나 금리 급등의 충격은 흡수될 것이며, 시장은 안정을 되찾을 것입니다. 건축공사비와 관련해서도, 어차피 공사비가 코로나 이전으로 회귀할 가능성은 희박합니다. 전 세계적인 인플레이션의 영향도 있습니다. 외국인 노동자들도 자국으로 많이 돌아갔습니다. 탈세계화의 흐름 속에서 건축자재의 무역 또한 예전 같지 않습니다.

따라서 건축공사비가 소폭 조정될 수는 있지만 대폭 하락할 가능성은 희박하다는 것이 일반적인 견해입니다. 하지만 시간이 지나면 시장은 결국 이러한 단기적 충격들을 흡수하고 계속 성장해갈 것입니다. 그리고 이러한 위기를 뚫고 만들어진 부동산은 더 많은 고민을 해서 만들어지며, 그만큼 또 희소성이 있습니다. 사업가에게는 위기가 기회인 것입니다.

전반적인 인플레이션으로 인한 건축공사비의 상승은 부동산 가격의 상승을 불러올 강력한 요인이기도 합니다. 그러니 지나친 걱정은 하지 말고, 부동산의 숨은 가치를 찾거나, 가치를 높이는 일에 더 집중해야 하리라고 봅니다.

이 책을 읽으셨으니 부동산의 가치를 판단하는 방법, 부동산의 가치를 높일 수 있는 아이디어들에 대해서 거의 저만큼은 알게 되신 것입니다. 독자 여러분도 거의 전문가에 가까워지셨고, 부동산 사업가의 눈을 가지게 되셨을 것이라고 생각합니다.

그러나, 나름대로 최선을 다해 이 책을 썼지만, 저 역시 모르는 것이 아주 많습니다. 여러 면으로 부족한 사람으로서 계속 새로운 것들을 배워 나아가는 중입니다. "돌다리도 두들겨보고 건너라"는 말이 있죠. 법령은 수시로 개정되고, 트렌드는 계속 바뀝니다. 그러므로 이 책의 내용을 참고하시되 철석같이 믿어서는 안 됩니다. 스스로 연구하시고, 찾아보시고, 다른 전문가들에게 자문을 구하는 일을 주저하지 마시기를 바랍니다.

저 역시 부족한 사람으로서, 독자 여러분들의 날카로운 의견이 있으시면 언제든 공유해주시기를 소망합니다. SNS를 통한 응원과 격려 또한 소망합니다. 계속 성장하고, 함께 고민하겠습니다.

부동산의 가치를
높이는 방법

제1판 1쇄 2022년 11월 25일

지은이 정석
펴낸이 최경선　　　　　**펴낸곳** 매경출판㈜
기획제작 ㈜두드림미디어
책임편집 우민정　　　　　**디자인** 김진나(nah1052@naver.com)
마케팅 김성현, 한동우, 장하라

매경출판㈜
등록 2003년 4월 24일(No. 2-3759)
주소 (04557) 서울시 중구 충무로 2(필동 1가) 매일경제 별관 2층 매경출판㈜
홈페이지 www.mkbook.co.kr
전화 02)333-3577
이메일 dodreamedia@naver.com(원고 투고 및 출판 관련 문의)
인쇄·제본 ㈜M-print 031)8071-0961

ISBN 979-11-6484-482-1 (03320)

신방수 세무사의
주택임대사업자
등록말소주택
용이지는 등록말소주택 임대사업자의 세금의 위험하다고
절세 가이드북

부동산 성공 투자의 시작
알기 쉬운
경매 실무
발품 팔면
성공이 보인다

RESTART
부동산 투자
아무도 말해주지 않는 부의 성공비법

그대로 따라 하면 백만장자가 되는
48가지 핵심 기술

백만장자 라이프
극한직업
건물주

백만장자 라이프
꼬마빌딩 건축

신방수 세무사의
확 바뀐
상가
빌딩
절세 가이드북

우대방과 함께하는
성공 부동산
중개사무소
창업

지식산업센터
투자의
정석

닥치고 현장!
소액자본으로
부동산
부자되기

신방수 세무사의
부동산 증여에
관한 **모든 것**

부자 경매의 시작
알기 쉬운
기초 경매
룰을 알고
위를 알면
경매는 한다

신방수 세무사의
2022
확 바뀐
부동산 세금
완전 분석

라헬과 함께 공부하는
셀프 경매
바이블

실전 사례로 풀어보는
상가 셀프
경매의 정석

닥치고 현장!
부동산에
미치다

빌라
투자
방정식

DEVELOPER
부동산 부자의 제4공결
디벨로퍼
경매

부동산슈퍼리치만 하는
투자 비밀
SUPER RICH

월세
보증금으로
부동산 산다
반값 생활 경매 솔루션

신방수 세무사의
1인
부동산
법인
하려면 제대로
운영하라

대박나는 부동산 중개
핵심
공인중개사
실무 교육

부동산
경매·공매
특수물건
투자 O 비법

빌딩이에서 상가 투자로 건물주 되기
거지였던 나는
상가 투자로
32억
건물주가 되었다

공매 투자,
지금이 기회다

직장인도 따라 할 수 있는
별장펜션 창업

한 권으로 끝내는
토지 투자 성공공식

임장의 여왕이
알려주는
부동산
투자 전략

'발칙한 발상'이
부동산 성공 투자를
부른다

미니
재개발·재건축의
모든 것

당신의 경매 탈출구가 되어줄
이기는
부동산 경매의
비밀

종·부·세
핵폭탄 대비하는
완벽 솔루션

이제 부동산 세금을 알아야
주택 보유 &
처분 할 수 있는
시대다

투자 전, 꼭 알아야 하는
상가임대차법

Real Estate Auction
부동산 경매,
초보에서
탈출하라

초규제 시대,
부동산 투자의 정석

돈이 되는 부동산
vs
돌이 되는 부동산

양도
소득세
완전
분석

사례로 풀어보는
지분경매
지분경매 해결 TWO 거물
= 소송 + 협상

부동산 거래 전에
자금출처부터
준비하라!

부동산 관리도
경영의 시대

서울시 공정경재과 주무관이 알려주는
부동산 거래와 판례

스타들의 부동산 재테크

재테크의 달인들이 말하는 부동산 투자

스타들의 사생활보다 더 궁금한
그들만의 부동산 투자
스타가 좋아하는
부동산은 따로 있다?

지분 경매로 토지 개발임자 되기

온돈 없는 자도 온돈 재벌 만들어라

부동산 재테크 역세권이 답이다

철도 호, 역세권 10년 경매의 노하우

세무사 3인이 알려주는
세무조사 대비의 모든 것

주택 연출가 무조건 따라하기

커피 한 잔 값으로 초대형 오피스 주인 되기
리츠 얼리어답터

고수익을 안겨주는 블루오션 토지 경매
신의 한 수
금맥 경매

경기 불항에도 장기를 발휘하는 투자 기법 경매
토지 경매로 금맥을 캐다!

주택·아파트·재개·증여·취득·용기·전세 꼭 알아야 하는
주택 아파트 세무 가이드북
실전편

권리분석 완전정복으로
10년 안에 10억 벌기

위험한 경매 시장에서 안전하게 살아남는 비법
"치밀한 경매에서 투자 성공률을 높여라!"

고수가 알려주는 돈을 따는 땅 투자의 모든 것
대한민국을 움직이는 땅 투자 법칙 100

토지 투자 전문가 박키로의 실전 부동산 투자 노하우
땅투자 10단계 절대불변의 법칙

흔한 직장인의 흔하지 않은 투잡 경매 성공기
돈의 보감
평범한 샐러리맨, 투잡 경매로
5년에 10억 벌다

경매로 재테크하고
NPL로 두 번째 월급 받다

나는 갭 투자로 300채 집주인이 되었다

아파트 300채 부자
박정수가 공개하는
화제의 투자법 대공개!

종토·재약·증여·용기·전세 꼭 알아야 하는
토지 세무 가이드북
실전편

"토지세무에 있어 세금전략은
선택이 아니라 필수다!"

부동산 경·공매, 분양, 입찰, 대매를 통한
新 **상가 투자 보물 찾기**

상가투자자격 공인중개사도 꼭 알아야 하는
상가 세무 가이드북
실전편

"상가관리에 있어 세금전략은
선택이 아니라 필수다!"

NPL 가격 산정의 비밀

정확한 NPL 가격 산출 시스템 특허출원!

응답하라! 위기의 부동산

시크릿 투자정법
나는 토지 경매로 금맥을 캔다

NPL과 경매, 토지보상이 하나로
토지보상경매
실전활용

개인·개인사업자·법인CEO도 꼭 알아야 하는
세무조사
실무
가이드북
실전편

야생화의
기초 경매

앞으로시개되는 부동산 투자법 A to Z
국토도시계획을 알아야
부동산 투자가 보인다

부동산의 숨어 있는 가치를 발견하라
불패의
부동산
36계 전략

GLOBAL
REAL ESTATE
INVESTMENT & DEVELOPMENT BIBLE
해외 부동산
투자&개발 바이블

만화로 풀어 쓴 경매 관련 판례 해설서!
부동산 경매
대법원 판례집
1943~2014년 핵심 판례 모음

부동산 경매 전문 변호사가 큰 맘 먹고 알려주는
유치권
깨트리는 法
지키는 法

〈100에의 축제〉 저자 야생화의 세 번째 이야기
울보멘토
야생화의
경매이야기

경매, 공매, NPL을 한권에 해결하는
Perfect
퍼펙트
경매

부실채권의 기본부터 수익률 분석까지
NPL
투자분석과
계약실무
실전편
실무 사례를 통한 실전투자분석서!

현직 금융기관 전문가가 이뤄어 주는
NPL
랭킹업
투자비법

전업투자자와 공인중개사를 위한
손품 팔아
부동산
보물찾기
블로그 마케팅 편

지지 않는
권리분석 VS
이기는
명도

이것이 진짜
토지
투자다

기관투자자만 아는
부동산 투자 운영
매뉴얼

경매
학교종이
어서
모여라!

두드림미디어

(주)두드림미디어 카페
https://cafe.naver.com/dodreamedia

가치 있는 콘텐츠와 사람
꿈꾸던 미래와 현재를 잇는 통로
Tel : 02-333-3577
E-mail : dodreamedia@naver.com